広島女学校卒業当時の
長谷川泰子

18歳頃の中原中也

中原中也と同棲した当時の下宿

25歳頃の長谷川泰子(昭和4年、松竹蒲田専属女優の頃。堀野正雄撮影)

「グレタ・ガルボに似た女性」応募写真
(昭和4年、堀野正雄撮影)

昭和6年当時の小林秀雄
(『新潮日本文学アルバム』より)

中原中也との愛

ゆきてかへらぬ

長谷川泰子
村上 護＝編

角川文庫
14177

目次

〈写真提供〉
中原中也記念館
〔カバー装丁〕
田中淑恵　〈装画〉小林かいち

Ⅰ　風が立ち、浪が騒ぎ

I

風が立ち、浪が騒ぎ、
　無限の前に腕を振る。
その間《かん》、小さな紅《くれなゐ》の花が見えはするが、
　それもやがては潰れてしまふ。
風が立ち、浪が騒ぎ、
　無限のまへに腕を振る。
もう永遠に帰らないことを思つて
酷薄な嘆息するのも幾たびであらう……

（中原中也「盲目の秋」より）

同棲

明治四十年四月二十九日山口に生る。仝年十一月三日山口を出発六日大連着。終列車にて旅順に赴く。二ヶ月半の後柳樹屯に赴く。其の年十月山口に帰る。翌四十二年二月下旬、広島に赴く。其の年の暮の頃よりのこと大概記臆す。大正元年金沢に赴く。三年三月の末山口に帰る。四月下宇野《しもうの》令《りよう》小学校入学。七年五月山口師範附属に転校。九年四月山口中学入学。十二年三月、即ち三年生にして美事に落第。仝年四月京都立命館中学に編入。十三年四月十七日三つ年上の女と同棲。

（中原中也「（履歴書）」より）

中原中也にはじめて会ったのは、京都の表現座という劇団の稽古場《けいこば》でした。大正十二年末だったと思います。

私はそこの劇団員になって、「有島武郎《たけお》、死とその前後」という芝居の台本読みをしていたころでした。そこに中原は現れたんです。

中原は薄暗い稽古場の椅子にチョコンと坐《すわ》って、私たちの練習風景をみていました。はじめは気にとめるというほどではなく、小さな中学生だなと思う程度でした。

誰かと話するついでに、中原は私にも声をかけてきました。話題は、すぐ詩のことになって、これがダダの詩だよ、とノートを見せてくれたりしました。

大学ノートに書いてあったそれらの詩を思い出すと、ダダダダ……というような感じでした。音を表現しているような片カナが、多く書きこまれていたような気がします。

「おもしろいじゃないの」

私がそういうと、あの人は自分の詩を理解してもらえたと思ったのか、身を乗り出してきました。けど、私にそんな詩がわかるわけがありません。見せられた詩は、これまで私が読んだ詩とはちがう感じでしたから、どういうことからそんな詩になったのか、私にはわかりませんでした。ただ字づらがおもしろかったから、おもしろいわね、といったんです。中原はともかく詩の話に熱心で、私もそんな雰囲気がきらいじゃなかったから、意気投合したんでしょう。それからはしょっちゅう会うようになりました。

中原がどうして表現座に来るようになったのか、よくわかりません。バイオリンを弾きながら全国を流して歩いていた大空詩人の永井叔《よし》さんが、はじめは連れて来たんじゃないかと思うんです。

表現座に私を連れて来たのも永井さんでした。あの人は中原とも、いつか顔なじみになっていました。その出会いは永井さんがバイオリンを街角で弾いていたら、おじさんおもしろいね、と中原が近づいて来たのだと聞きました。そんな出会いで二人は知り合い、永井さんは中原の下宿に遊びに行ったり、表現座の稽古場に彼を連れて来たりしたんだと思います。

表現座というのは、京大の教授だった成瀬《なるせ》無極《むきょく》が主宰した新劇でした。おそらく成瀬主宰は名ばかりで、会ったことはありません。座の中心は倉田《くらた》啓明《けいめい》さんだったようで、彼が住んでいた家が表現座の稽古場でした。私もそこに住みこんで、お芝居の練習していました。

表現座の稽古場というのは、二階屋の一階で、昔はみなそうだったけど、表に源氏格子があって薄暗いんです。一部土間になっており、稽古場に使っていたところはあまり広くなかったと思います。

二階は全部畳の間で、往来に面して部屋があり、それから奥にわりに広い感じの部屋がふた部屋ほどありました。そこにわれわれが寝泊まりしておりました。

私のほか何人か住んでいました。関東大震災で京都に移った人がほとんどで、高橋という俳優もやっぱり東京からの移動組で三十過ぎだったでしょうか。私は二十歳になったばかりでしたからちょっと年輩に感じましたが、その高橋さんが立役者で有島武郎の役をやり、私がその奥さん役で、肺病で死ぬところを芝居でやったんです。

稽古のあい間には、お勝手のことなどもしました。私は神経質だからおネギなんかこまかく切れないんで、恐る恐るやっていたら、高橋さんは、

「俳優になろうという人が、そんなことじゃダメだね」

といっていました。

私には包丁がうまく使えなかったけれど、どんな役でもこなせる女優になるためには、これも修行と努力しました。

表現座というのは、どれくらい続いたんでしょうか、はじめ倉田さんが中心で、あとは野口という人がやったんです。それで数ヵ月続いたのかな、京都の公会堂で第一回公演をやっただけで解散することになってしまいました。

表現座が駄目になってからも行くところがないから、そこにとどまっておりましたが、間もなくマキノ・プロに入りました。私をそこへ紹介したのは永井叔さんで、保証人も彼がなってくれました。永井さんという人はなんとなく不思議な人で、こちらからは消息がつかめないけど、むこうから何かのときに現れて、力になってくれました。

表現座がつぶれたのち、中原も私のことを心配してくれて、「ぼくの部屋に来ていてもいいよ」といってくれたんです。そのころになると、私はお金もなく途方に暮れていまし

たから、そのことばに甘えました。

　私が行った中原の下宿は、北野のあたり大将軍西町で、隣りに椿寺という古い寺がありました。そこの下宿屋は新しくて、廊下も広く、料理屋みたいに立派でした。まだ庭の築山もできていないような時だったけど、下宿人はいっぱいでした。

　私たちは二階の六畳にいて、奇妙な共同生活がはじまったんです。夜は部屋のはじとはじとに寝床をとって寝ておりました。もうそのとき、中原はダダイストを気取っていました。

　中原は私より年下で、まだ中学生だったんですけど、もう女郎屋へ行ったりしていたようです。中原は絣《かすり》の筒袖《つつそで》を着ていたのを覚えておりますが、私と二人で四条の通りを歩いていたとき、ふと立ち止まって、こういったのを思い出します。

「ちょっと、女郎を買いに行って来るよ」

　中原は私に構わず、街灯があまり明るくない細い通りへ入って行きました。そこは宮川町のはずだけど、私はそのとき宮川町と聞いただけじゃ、何のことだかわかりません。中原がはっきり「女郎を買いに行って来るよ」といったもんですから、不思議なことをいう人だと思いながら、そのうしろ姿をずっと見ておりました。筒袖着た子供のような男が、下駄の音をひびかせ、薄暗い路地へと消えていく光景は不思議のようにも思えました。はじめは冗談いっているのだろうと思って、そこにしばらく立って待っていましたが、なかなか戻って来ません。ほんとに女郎買いに行ったんだと思い、待ってる自分が阿呆らしくなって、私はさっさと家に帰りました。

中原は間もなく帰って来て、照れながら、ニヤニヤ笑っておりました。そんなことがあったのち、中原はある晩、私をおそってきたのです。そこのところは、みなさんから興味深く聞かれますがあまり話したくありません。

大岡昇平さんは「殆んど強姦されちゃったようなものだよ」と私がいったと雑誌（「群像」昭和三十一年一月号）に書かれておりますが、あれは仲間うちでの話だったんです。

ほかのことばでうまくいえなくて、強姦されたといっちゃったけど、考えてみれば男と女がひとつ部屋で寝泊まりしていたのですから、強姦されたというのはおかしいし、肉体を求められても仕方のなかったことかもしれません。私はそのころはまだ性に無頓着《むとんちゃく》で、下宿においてやるよという親切心だけを信じて、そこへ行ったんですから、中原の求めるままに、身体をまかすのはつらく感じました。自分の生活があまりにみじめに思えて、気の滅入ることが多くありました。

マキノ・プロでの私はチョイ役で、それを仕出《しだ》しといっておりましたが、その他多勢《おおぜい》で出演しておりました。日本髪で、御殿女中のような恰好《かっこう》して、元禄《げんろく》花見踊りをやったこともあります。

私はおしろいぬって、顔を白くするのがきらいだったので、女学校を卒業してからもお化粧などしませんでした。けど、撮影のときはどうしてもつけないといけないんです。いまなら肌色のドーランでしょうが、あのころはおしろいを水で溶いて、刷毛《はけ》で塗っておりました。はじめはその要領がわからなくて、髪の毛の生えぎわのところがうまく塗れず困りました。首にもまっ白につけなきゃならないんですけど、首は面倒くさいからあまり塗りません。どうせその他多勢の役ですから、こまかいところなどどうでもよかったんです。

あのころのマキノといえば、阪妻（阪東妻三郎）の全盛時代でした。女優では森静子さんがスターでしたが、おとなしい人でした。私たち仕出しは、役がつかないときは、大部屋でみんな一緒に待っているんですけど、あのころは映画会社もまだまだ組織的でなく、よっぽどのスターでないかぎり、ときによってその他多勢の役にも出ていました。

私は役がつこうがつくまいが、毎日撮影所に行って、大部屋でみんなと一緒に待っていたわけです。マキノ・プロダクションはあんまり遠くない等持院にあったから、椿寺の下宿から歩いて行きました。下宿からマキノ・プロは見えなかったけど、そのちょうど手前にあった日活撮影所の黒板塀が真正面に見えていました。

マキノ・プロまでは、歩いて行くしかなかったんですけど、一人で行く畑のなかの道は遠いと感じました。そこは日活と同じく黒い板塀でかこわれていて、部外者は気安く出入りできませんでした。中原は、撮影所にやって来たことはありません。

私が中原と一緒に住んでいたことは、撮影所でも噂になっていたようです。あるとき、ちょっと役のつくような女優が、私にこういいました。

「あんた、文士の二号さんだってね」

私は若かったからすぐ腹を立てちゃって、その女優と喧嘩《けんか》してしまいました。私は着物の裾《すそ》をまくってみせていったんです。

「文士の二号みたいなんだったら、こんな着物、裾の切れたの着ていないわよ」

この態度がいけなかったんでしょう、私は間もなくクビになってしまいました。けど、プロダクションのほうからは、私をやめさせた理由をなにも説明しませんでした。この件で私に同情してくれる人もあり、何人かで抗議してくれましたが、まだ労働組合なんかなかったから、効果はありません。私は一方的にやめさせられてしまったんです。

私は完全に中原の居候ということになってしまいました。といって中原がお金を十分に持っているというのでなかったから、遊びに行くお金なんかなく、下宿にじっとしているよりほかありませんでした。そんな私を見て、中原はからかうのでした。

「お前さんは出好きだから、この手紙をポストに入れて来いよ」

私は中原のそういういい方がしゃくにさわって、「ぶじゃくする」と怒りました。中原はその間違えたことばじりをとらえて、「ぶじゃく、ぶじゃく」といって、私をからかうんです。そんな悪ふざけはしましたが、あまり喧嘩はした記憶はありません。種《たね》がないんじゃないけど、私がおとなしかったから、喧嘩にならなかったんでしょう。

私っておおよそ現実家じゃなく、一人のときは空想ばかりしているんです。いざ実生活では電球をとりかえるときも、どちらへまわしてよいかわからないような人間でした。

「電球の入れ方もわからない、……なんにおいても西も東もわからないんだから」

中原は私にそういいながらも、よく面倒をみてくれました。私の欠点というものをよく知っていて、それだけ面倒をみてやらなければならないと考えていたのかもしれません。

あのころの椿寺の下宿は賑《にぎ》やかでした。ほかの部屋にいる人たちもやって来て、いつも花札をするので、九州から来ていた京都医大の学生の一人は、とうとう落第してしまったそうです。

「おれ花ばっかりやりすぎて、落第してしまったよ」

医大生が訪ねて来てそういったことがありました。ちょうど中原が外出して、いなかったときだったので、その学生から「あんたはお姉さん」と、私たちの間柄を聞かれたのには困りました。つまり、中原と私は都合のいい同居人といった生活だったんです。

椿寺の下宿は学生が多かったけど、一階には女優の葉山三千子さんが松山とかいう日活の俳優と一緒に住んでおりました。二階と一階とだったんですけど、一軒の家だからすぐ仲よくなりました。私はまだ人慣れのしないころでしたが、部屋に招待してくださって煮物などごちそうになりました。

葉山さんのところへは、岡田時彦さんもときどき遊びに来ておりました。あの方は岡田茉莉子《まりこ》さんのお父さんで、そのころはそう有名じゃありませんでした。

「この人が岡田時彦さんよ」

葉山さんに紹介され、私はすぐ友だちになれました。岡田さんには文学青年のころがあったようで、谷崎潤一郎と佐藤春夫の二人が、岡田時彦という名前をつけたということでした。けど、友だちは〝エイパン、エイパン〟と渾名《あだな》で呼んでいましたね。

「うちの下宿にも遊びに来なさい」

私は岡田さんにこう誘われたから、遊びに行きましたし、一緒にブラブラ散歩に出かけたこともありました。あのときは中原も一緒だったかな、岡田さんは浴衣《ゆかた》にカンカン帽でしたが、四条通りを散歩しながら、そのカンカン帽を浴衣の背中に入れて腰をかがめて歩き、戯《おど》けて笑わせたりする、愉快な人でした。

中原との生活は、気の滅入るような淀《よど》んだところもありましたが、詩を読んでくれるときには、やはり中原を見なおしました。私は直感的なことばかりで、詩がわかるとはいえません。それでも中原が読んでくれる詩には、なにか美しいもの、胸に響くものがあって、自然に涙を流したこともありました。

中原にすすめられて、ほかの詩も読んだし、読書もしました。そんな日々を、いまは懐かしく思い出しております。

広島女学校

思へば遠く来たもんだ
十二の冬のあの夕べ
港の空に鳴り響いた
汽笛の湯気《ゆげ》は今いづこ

雲の間に月はゐて
それな汽笛を耳にすると
竦然《しょうぜん》として身をすくめ
月はその時空にゐた

それから何年経つたことか

汽笛の湯気を茫然と
眼で追ひかなしくなつてゐた
あの頃の俺はいまいづこ

（中原中也「頑是ない歌」より）

中原中也は広島女学校（現在は広島女学院）の付属幼稚園にしばらくいました。人さまからよく中原と広島時代に、一緒のときがあったでしょう、と聞かれます。そういわれれば、数ヵ月は時期が重なるときがあったかもしれません。だけど、私は三つ年上で小学二年生、中原は幼稚園でしょう、同じ付属で小学校の校舎のすぐ横が幼稚園の庭だったけど、中原を見知っていたというようなことはありません。京都で一緒に住んでいたときでも、広島女学校の付属での思い出ばなしなど、したことはなかったと思います。

私は小学校二年生から、広島女学校の付属に転校したんです。それまでは中島本町というところに住んで、広島高等師範の付属小学校へ通っておりました。その後、家のほうが鉄砲町九十五番の二に引っ越したから、私も転校しました。

女学校は、移り住んだ家のつい目と鼻の先に見えるんです。道路をへだてた向こう側は、もう女学校のレンガ塀でした。なにより近いのがよいというので、私はそこに編入することになったんです。

家が引っ越したのは、父が急に死んだからです。まあ、そこいらから、私の人生はうまく運ばなくなってきたんだと思っています。これは、ずっとのちのことだけど、なにげなくこういったんです。

「私はすぐ男の人を、私のお父さんにしたがるのよ」

すると、ある人から「それはパパコンプレックスというんじゃない」といわれました。ああそうか、そういうこともあるわね、と思いました。私としては気づいていなかったけど、いわれてみれば潜在意識のなかに、そんなコンプレックスがずっとあったと思えるんです。

私が生まれたのは、明治三十七年五月十三日、広島市のなかほど、いわば中心地の中島本町でした。幼いころの思い出は淡くはっきりしませんが、ある場面、場面はいまだにはっきりと心に残っております。

家の近くには幅のある本川《ほんかわ》が流れ、干潮のときは、シジミを取って遊んだり、夏は泳ぎもしました。大水が出ると大きな橋が流されたこともありました。その川の土手には桜並木がつづき、それも手毬《てまり》のように大きな八重桜で、春は多くの花見客を集めていました。川には船を浮かべて、笛や太鼓、三味線の音でさんざめいていました。普段は川岸の雁木《がんぎ》につらなる牡蠣船《かきぶね》が灯を燃やして、おさな心にもそれらが好きで、ことに花の美しいのが私の自慢でした。

そのころは父の慶二郎も健在でした。米の仲買人をやっており、かなり手びろく商売していたようで、出入りの人も多くいました。家には人力車があって、父が出かけるときは二人の車夫が前と後で、オーライといい合って、出かけていました。

私は父に連れられて、よく旅行をしました。父は商売の関係で、大阪へたびたび行くので、そんなとき一緒に連れて行ってもらったこともありました。堂島には知り合いがあって、そこに泊まるんです。あのころの堂島川は水がきれいで、そこまで下りていくために、御影石の階段があったのを覚えています。そこで水遊びをしたのは五、六歳のころでした。

前にもちょっといいましたけど、小学校は広島高等師範学校の付属に入ったんです。行き帰りは人力車でした。

あるとき、雨が降り出したものですから、私は下駄箱のところで、車が迎えに来るのを待っていたんです。先生がそれを見て、「なぜ帰らんのですか」といわれました。私は「車が迎えに来るから」といったんです。すると、先生に叱られちゃって、「これからは学校へ車で来ちゃいけません」といわれました。

父は私がかわいくてならなかったんでしょう。車での通学をとめられてからは、父が途中まで送って来るんです。橋を渡って土手をすこし行けば学校というところまで、毎日送ってくれました。あのときも、やっぱり雨が降っていました。私は橋を渡って土手づたいに歩いて行き、ものかげで見えなくなる前に、うしろをふりかえると、父は橋のたもとでまだ手を振っているのでした。

父はほんとに、やさしかったけど、母のイシはそうでもありませんでした。母も私をかわいがるときは、魚に小骨がないかどうかまず口に含んで、それから食べさせてくれるほどでした。それでも骨が残っていたりして、「まだ骨があった」なんていったりすると、今度は急に母はこわい顔をしました。

帯を結んでくれるとき、私は息ができなくなるほどきつく締められたこともありました。それで泣くと、母はグッと私をにらみつけるんです。母はヒステリーで、ちょっと感情の均衡を失うと、もう形相を変えて怒りました。

私はそんな母を、すごく恐れました。大体が神経質なところへ、訳もなく、それもたびたび怒られていると、私のほうも変になっていきました。私の強迫観念というのは、そんなところから、はじまったんじゃないかと思うんです。

私は母をできるだけさけて、父にくっついて育ちました。その父は、私の八つのとき、四十二歳で急に死んでしまったんです。

あの日も、私は父におんぶしてもらって、ゼリービンズという洋菓子を買いに行ったんです。そのとき、父が坊主頭をしていたのを不思議に思いました。それまでは髪をのばして、七三に分けていたのを、急に剃《そ》りおとしてしまったんです。なにか予感がしたのかもしれません。

その日の夕方には、私が学校で習ってきた〝ハイシ、ハイシ、アユメヨ、コウマ〟というところのおさらいをみてくれ、いつものとおり晩酌して、肘枕《ひじまくら》で横になっておりました。そんな状態のまま、父の鼻から血がふきだしちゃって、ウーンといったきりでした。私はびっくりして、大声をあげて人を呼びました。

やがて人が集まり、医者もきて、医者は父に馬乗りになって、「長谷川さん、長谷川さん」て呼んだけど、生きかえってきませんでした。脳溢血《のういっけつ》だったんです。

父の死はいろんな意味で悔やまれました。家に出入りしていた人たちも、「これがおかみさんのほうだったら、一斗《いっと》樽《だる》、角樽もって来てお祝いするんだがなあ」といっておりました。そんなふうだったから、父の死後はもう、何事もうまくいきません。その上、商売の整理をしてみると、かなりの借金が残っていたんです。

それでどうしたかといいますと、実は私が生まれる前にもらっていた養子、つまり義兄の長谷川良次郎があとを引き受けたんです。その人は父の兄の子供で、もともと従兄《いとこ》だったんですけど、年齢は私と十五以上も離れていました。広島商業を出て、一年志願で少尉になって帰って来ておりました。その義兄は以前からの知り合いの米の仲買商のところに勤めておりましたが、父の死後は、祖母をいれた四人の生計をたててくれたんです。

父が死んでからは淋《さび》しい日が続きました。といって、母に甘えることもできません。母も気を転倒させてか、ついに自殺をはかったんです。あれは父が亡くなってまもなくでした。私が「ただいま」って学校から帰って離れ座敷に入って行くと、そこの鴨居《かもい》に母はぶらさがっていたんです。帯で首つり自殺をはかりました。

私はキャーといいながら、祖母のところへかけて行き、「お母さんが首つっちゃった」と叫びました。「早くそこの大工さん呼んで来て」と祖母にいわれるまま、出入りの大工さんのところへ、泣きながら駆けこみました。

発見が早く、母は一命をとりとめましたが、七転八倒したらしく、あちこち傷ついていました。生き返ってからの母は、自分がなにをしようとしたか覚えがないらしいんです。首のあたりを見ながら、「へんな筋がついてる」といっておりました。それについては、まわりの者はなんにもいわず黙っておりました。

そのころから、母がますますこわい存在になりました。何かのとき、出入りの大工さんのところへ逃げ出しちゃったきり、私は家に帰りませんでした。

そんな日がしばらく続いて、母は家から姿を消しました。実の姉があずかったらしいんです。それでもときどきはやって来ました。そんなとき、母は私にお菓子をもって来てくれるんですが、私は絶対に会いませんでした。

中島本町の家屋敷は、その後まもなく売り払って、義兄と祖母と私の三人は大手町のほうの小さな家に引っ越しました。そこは数ヵ月で、今度は鉄砲町に移り住みました。そこへも、母はときどきやって来ました。家の裏は竹やぶと高い塀でしたから、逃げ場がなくて不安でした。母につかまるかもしれないと思うだけで、私はこわくて仕方がなかったんです。

自分の母をこわがらねばならないということは、なんとしても悲しいことです。子供にこわがられる母も、また悲しかったに違いないと思います。そんなことを思いながら、私はふと自分の性格は母に似ているんじゃないか、と思うことがあります。

考えてみれば、母は悲しい運命の人でした。その母は昭和十七年に亡くなりましたが、その知らせを受けただけで、私は広島へ帰りませんでした。

これで話がもとにもどってきました。広島女学校はミッション・スクールで、幼稚園から専門学校まであるんです。私は付属の小学校をおえると、女学校もひと続きの学校だから、そこになんとなく入学しました。

義兄から学資を出してもらうのには、やっぱり気兼ねがありました。義兄がいる部屋のふすまを恐る恐る開いて、お金ください というのですが、鉛筆一本買ってもらうのにも気を遣いました。なんといっても、義兄とはお父さんくらい年が離れていましたから、私はこわいんです。小学校のころは、それでも縁日などにはよく連れて歩いてくれましたけど、女学校に行くころは、もうそんなこともなくて、こわい監視役だったんです。

私が女学校のとき、二級先輩に映画好きの人がいて、広島にあった日新館という洋画専門館によく映画を見に連れて行ってもらいました。そこには洋画ずきの常連がいて、その内の一人の文学青年と顔見知りになりました。彼はどこかの雑誌の編集をしているといっていましたが、私に手紙をよこしたことがありました。手紙の中身は見ないから、なんと書いてあったかわかりませんけど、そのことで義兄にひどく叱られました。「こんな連中とつき合うな」義兄はこういいながら、私をフットボールみたいに蹴《け》りました。祖母が間にはいって、とめようとするんですが、腰が曲がっているからヨロヨロして駄目なんです。さんざんぶったり蹴られたりした末、やっとの思いで表に逃げたことがありました。そんなときは、祖母も一緒にいてくれておりました。

私はなぜぶたれたのか、いまもわかりません。やましい気持なんかありませんでした。ほかにも手紙よこす男の人はいたけれど、直観的にいやだなあと思うと、私は神経的に受け入れられないんです。海軍の無線学校の学生で、ちょっと親類になる男の人は、しょっちゅう手紙をよこしました。もちろん返事など出しませんでしたが、学校の休暇のときなど、うちへよくやって来たもんです。そんなときは友だちのところへ行って留守にするのです。

女学校のおわりのころは、本好きの友だちがいて、「これおもしろかったから読んでみない」なんていって次々貸してくれたので、よく本を読みました。それは哲学系統のものが多かったけど、すすめられるまま、手あたり次第に読みました。義兄はそれをみて、やっぱり文句をいっていました。

「女のくせに、そんな本なんか読んじゃいけない」

もっとも、私はそれらの本を読んでも、よく理解できないのですが、貸してくれるままに読んだんです。私は神経質だから、むしろ理屈っぽい本が合っていたのかもしれません。印象に残っているのに、ロマン・ロランの書いた『民衆演劇論』というのがあります。劇場というのはみんな娯楽場のように思っているけど、そうじゃない、自然に情操を高める場所なんだ、そんなことが書いてあったと思うんです。私はそれに同感して、自分でも新劇やりたくなっていました。

あのころ、広島に岡田嘉子《よしこ》一座が来て、「出家とその弟子」を上演しました。それを見て、ますます新劇熱はたかまっていきました。けど、芝居をやるには東京でしょう。といって知ってる人はいないし、一人で出てゆく勇気はありませんでした。

ずっとのちには、岡田嘉子さんとは知り合いになって、渋谷の表参道にあった穏田の家にも遊びに行きました。竹内良一さんもいたし、妹さんもいたとき、私たちは一緒に写真とったこともありました。それもまた古い思い出となってしまいました。

私は女学校を卒業してから十九の年まで、広島におりました。義兄の知人がやっていた信用組合に勤めました。そこでは嫌いなソロバンをやらなければならなかったので、うんざりする毎日でしたが、それもやっているうちにうまくなって、いつか早く計算できるようになりました。苦手なものを克服したのはうれしかったけど、その居心地のよさがつい安逸をむさぼる気持にさせました。これではいけない、これではいけない、と自分にいって聞かせながらも、私は安易な生活に陥りかけておりました。

女優志望

主にすがる我に　悩みはなし
十字架のみもとに　荷をおろせば
歌いつつあゆまん　ハレルヤ　ハレルヤ
歌いつつあゆまん　この世の旅路を

おそれはかわりて　いのりとなり
歎きはかわりて　歌となりぬ
歌いつつあゆまん　ハレルヤ　ハレルヤ
歌いつつあゆまん　この世の旅路を

（聖歌より）

私の住んでいた家の近くに、流川組合教会というのがあり、そこの日曜礼拝にはよく行きました。そのころは特高や憲兵が教会に来ていて、牧師の説教のなかで時局批判のようなことになると、「弁士中止」と叫ぶんです。牧師さんはそれでも話をやめないくらい激しいので、それがおもしろいから、その教会によく行きました。

学校がミッションだったから、教会に行くのは慣れていました。私は歌が好きだったから、賛美歌うたいに行くんです。みんなでやるハレルヤ・コーラスなど楽しみでした。あるとき、そんななかに加わってきた奇妙な風体《ふうてい》の人がいました。大空詩人の永井叔さんです。あの人の過去については何も知りませんけど、バイオリンを弾きながら全国を布教して歩いているという話に、私は興味を持ちました。私は彼にロマン・ロランの『民衆演劇論』に感心したことなど話しているうちに、なんとなく、真面目で信頼のおける人だと感じられたので、自分の身の上なども話すようになりました。

「私は新劇がやりたいから東京へ行きたいんだけど、向こうに知人はいないし、出る機会がないんです」

「私はもうすぐ東京に帰りますから、じゃあ一緒に行きましょう」

永井さんは何のわだかまりもないふうにこういったので、この人に連れて行ってもらおうと決心したんです。

もちろん、私が上京するっていうことには、みんなからこぞって反対されました。義兄は私が気まますぎるとなぐりました。「俺だって本当はやりたいことがあった。アマゾンのほうへ行ってひと仕事したかったけど、これまでに育ててもらった義理があるから、自分の志望を捨てたんだ」といっておりました。父が早死にしてしまったから、義兄は私たちをほったらかして、自分の思いどおりの道を進めなかったんでしょう。それだけに、私の気ままは許してもらえませんでした。私は勘当されたも同然でした。

祖母は最後まで、知らぬところへ行ってのたれ死にしたいのか、といって上京するのを思い止まらせようとしました。まして、見ず知らずの男の人と一緒に行くのを許そうはずはありません。

私と永井さんとの関係は、男性に対する女性の気持っていうようなものではなく、考えてみれば、そこが私の無頓着《むとんちゃく》なところなんですけど、ただ東京へ連れてってやるといわれるから、そうお願いしただけなんです。

私は生まれつき、人をみる直感みたいなものをもっているんです。この人なら真面目に東京まで連れてってくれると思いました。それに永井さんと出会ったところが教会だから、疑うことなく信じられたんでしょう。だけど、普通に考えると、やっぱり大胆だったんだな、と思います。

大正十二年八月、私は永井さんと一緒に広島を出ました。東京への途中、私たちは神戸に立ち寄った記憶があります。そのとき、私は芦屋に住んでいる女学校時代の友だちを訪ねて、その夜は永井さんと一緒に、神戸の永井さんの親類の家に泊めてもらいました。

その家の人は、私たちが結婚しているとでも思ったんでしょうか、部屋にお蒲団《ふとん》をひとつしか敷いてくださらなかったんです。仕方ないから、一緒に床に入ったんですけど、私は眠れなくて夜中に起きだしたんです。

「じゃあ、表に散歩に行きましょう」

永井さんも目をさまして、私を誘い、夜中に散歩したりしました。

永井さんはいろんな人を知っている方でした。神戸では滋野清武という男爵の家も訪ねて行きました。日本で民間飛行をはじめてしたパイロットで、フランスに長く行っておられ、あちらの方と結婚してらして、その奥さんから夕食をごちそうになりました。マカロニがわりにうどんを使った料理を出され、大変おいしくいただきましたが、日本でもこんなの作ればいいなと、料理のくふうに感心しました。

永井さんは滋野男爵に、私が女優志望であることを話してくれ、宝塚歌劇の原田潤という人を紹介していただき、私たちは宝塚に、原田さんをお訪ねしたんです。

原田潤という名前だけは、広島にいるときから知ってましたが、当時、相当有名な方で、音楽雑誌に外国の歌を翻訳して、よくのせておられました。その原田さんから、今度は小《お》山内薫《さないかおる》さんへの紹介状を書いてもらって、私たちは上京しました。

あのころは、まだ築地《つきじ》小劇場というのは開かれていません。小山内薫さんのやってたのは、自由劇場だったと思います。なにはさておき、新劇がやれればよいと、私は紹介状をもって、小山内さんの家を訪れました。

小山内薫さんは家にいらっしゃったかどうかわからないけど、応対に出て来たのは奥さんで、差し出した紹介状と、私の顔を見くらべるようにしながらこういいました。

「こちらの方なら、おうちがあるから、何んとかなるかもしれませんけど、生活が大変でしょう。女優といっても、せいぜいおしろい代ぐらいしか出ないんですよ」

小山内さんの奥さんから、女優志望を遠まわしに断わられるまま帰りましたが、私は志をもって出て来ているんだから、がっかりなんかしません。そのときはまだ四百円ぐらいの貯金をもっていたので、当分の生活には困らなかったんです。私は腰をおちつけて女優志望をはたそうと改めて考えました。

東京でも、やっぱり永井さんの世話で、新宿・角筈《つのはず》の小松さんていう家に下宿しました。そこの方は熱心なクリスチャン一家で、家族の人にすすめられて、私もすぐ日曜学校に行きました。〝天国は近づけり汝《なんじ》は悔い改めよ、〟というホーリネス教会で、すごく激しいんです。

広島の組合教会はかなり激しいと思っていましたけど、ホーリネス教会のほうがもっと激しいんです。みんな前に出されて、ひざまずいて懺悔《ざんげ》しなければならないんです。私は心の持ち方に困って、いたたまれない気持になるので、教会にはあまり行きたくなかったんですが、勧められるのに行かないのは悪いと思ってその教会にはよく行きました。賛美歌なんかのコーラスが好きだから、広島では教会に出入りしてましたけど、私はクリスチャンではありません。あのころは懺悔なんていうことに、懐疑的だった気もします。

永井さんは暇があれば、私をよく銀座に連れて行ってくださいました。はじめて資生堂へ行ったときは、やっぱり東京だなと思いました。広島では見られないほど人がいっぱい入っていたから、そう感じたんでしょう。

永井さんは自分の知人をよく紹介してくださいました。とにかく顔が広いんですね。そんなことで一ヵ月近く過ぎたころでした、関東大震災が起きたんです。

大正十二年九月一日の正午近くでした。私は一人で下宿の部屋におりましたが、天地が揺れるという感じで、どうにも動けなくなってじっとしておりました。けど、小松さんの家のあった角筈あたりは、家も倒れず焼けなかったから、身の危険は感じませんでした。戸外に出て見ると、五、六軒先のレンガ造りの銀行が崩れていたので、そのとき地震の大きかったことを改めて知りました。

地震の揺らぎはひどかったけど、あんまり恐怖を感じませんでした。むしろ恐ろしかったのは、わけもなく人を殺したりした流言蜚語《りゅうげんひご》でした。

小松さんのところでは、養鶏場をやっていました。地震のときなど、ニワトリは上へ上へとあがっていくものらしく、うまく上にあがっていたのはいいけど、それでかえって下敷きになったのも多かったようです。

震災の翌日に、私は築地まで行きました。あのあたりは被害が大きく、もう見渡す限り、何もありませんでした。震災の数日前にも永井さんと築地の知人の家へ行ったことがあるんですが、今度行ってみるとその家の土台石があるばかりでした。

その家というのは、作家の池谷信三郎さんの実家ということでした。私はそんなこと知らなかったけど、永井さんが質屋をしている方のところへ行ってみようといったんです。そこでお会いしたのが、池谷信三郎さんのお母さんだったと思うんです。あかぬけした人で、ぽっと出の私は、このとき東京の女の人ってこういう顔してるんだなと思いました。

池谷さんと永井さんが、どんな知り合いだったか知りません。ただ私はついて行っただけなんです。震災後、土台石だけになった家の跡に、行き先を書いた札が立っていたので、それをたよりに再び池谷さんを訪ねました。そのころ池谷信三郎さんは外遊中だったので、その留守見舞に行ったのです。

東京は震災で何もかもやられたわけです。とくに精神的な荒廃がひどかったんでしょう。文化人といわれる連中は、おおく京都へ移って行きました。谷崎潤一郎などもそうでしたね。

ほんとは東京にいてがんばるべきだったんですが、私たちも京都に行くことにしたんです。九月五日には、たしか横浜まで行っておりました。ここも地震の被害がひどくて、駅の鉄骨の柱がアメのように折れ曲がっていましたし、あたり一帯は焼け野原でした。

駅から港までは、馬車がありました。私たちはそれに乗っかって港に着くと、すぐ船に乗れたんです。船底だったんですけど、大きな船だったから、わりと楽に静岡の清水港まで行き、そこから汽車で京都に入りました。

京都でしばらくいた間に、私は毎日新聞に出ていた渡辺兵馬という人のインタビュー記事をみつけました。彼はアメリカに長くいて、ハリウッドではわりと有名な監督について、助監督をしていたというんです。チャップリンや、ダグラス・フェアバンクスらと親しいなどということも話していました。その元ハリウッドの映画助監督が、大阪で新しい映画撮影所をつくるというんです。

私はその記事に魅せられ、女優になろうと思って、渡辺さんが泊まっていた大阪の灘万《なだまん》ホテルに、彼を訪ねて行きました。運よくホテルで渡辺さんに会うことができたので、希望を話しますと、いまは撮影所づくりの金策中なので、撮影所ができるまで待ってください、撮影所開設のときは採用してあげよう、といわれました。それまでは、自分で働いて生活するようにといって、私を大阪の築港近くのレストランへ連れて行ってくれました。住み込みのウエイトレスです。

私は、レストランで働きながら、撮影所の開設を待ちました。なんでこんなに苦労しなけりゃならんのかとも思いましたが、予定通り撮影所ができれば第一期生で、よい役にとりたててもらえると思って、一所懸命に働いたんです。けど、渡辺さんのいうように、話はうまくいかず、撮影所はなかなかできそうもありません。

築港のレストランには、一ヵ月ほども勤めたでしょう。あるとき、渡辺さんや永井叔さんらが集まって、地方巡業に出てみようということになったんです。その第一回の公演予定地を四国の松山に選んで、私たちは海を渡りました。永井さんの郷里が松山だったことから、松山への地方巡業は永井さんが発案したんでしょう。

まあ一座をくんでということだったんですが、松山へ行ったのは渡辺さん、永井さん、妹尾という女の人、それに私の四人だけでした。それに素人の寄り集まりだから、各人各様でまとまりなどありません。それでも、松山では名のとおっていたらしい新栄座という劇場で、第一回の公演をしたんですよ。公演といっても出しものがありませんので、私は即興で踊りました。踊りを習ったことないけど、音楽があればその場の雰囲気に合わせて、踊るんです。それに衣裳《いしょう》も自分のデザインでした。松山に着いてから、寒冷紗《かんれいしゃ》という薄い布地を買って来ました。それを上半身にインドのサリーふうに巻き、下は裾《すそ》を引きずるようなスカートにし、腰にはゴムをいれた、そんなスタイルで、即興の踊りをしました。

踊る人にはいろんな顔の表情がありますね、悲しいような顔をするとか愛敬のある顔をするとか。私は終始、もう真面目くさった顔して踊ったらしいんです。舞台が終わったあと、女の人が楽屋に私を訪ねて来まして、あの真面目な顔がよかった、とほめてくださいました。もっとも、私としてはこんな経験ははじめてですから、必死で愛敬のある顔などできるわけはなかったんです。

真面目な顔の表情が縁で、私はその女の人の家に一ヵ月も居候させてもらいました。というのは、私たちの地方巡業は、これが最初で最後だったんです。さて、これからどこへ行くというあても、資金もありません。しばらく松山に滞在せざるをえなかったんです。

松山では、私は新聞記者のインタビューに応じて、それが記事になりました。伊予《いよ》日日新聞っていうんだったと思います。そこに「女優を語る・長谷川泰子」という見出しで記事が出たんですが、私はその見出しが気にくわなかったから、新聞社へどなりこんで行きました。

あのころは若かったから、ちょっとしたことが気にさわったものです。私は女優といえば女優だし、女優でないといえば女優でない存在でした。それはいいとして、私が話した記事なのに「……を語る」となっているのにひっかかったんです。記事を書いた記者の方にいろいろ文句をいってるうちに、お互いの芸術論になって、話がおもしろくなりました。肝胆《かんたん》相照らすというんでしょうか、話がはずみ夕方近くになったので、記者の方が「今日は私がごちそうしましょう」ということになって、すっかりごちそうになったこともありました。

仕事のない毎日は、何もすることなしに、松山の町をブラブラしておりました。いつまでたっても、どうしようという具体的な案はありません。撮影所ができるあては、ぜんぜんなく、ずるずる引き延ばされていてはたまりません。私も女優になりたい一心から、撮影所ができるまではと我慢しておりましたが、その望みがなくなれば、もうそんなグループから逃げだしたいと思いました。私はとうとう松山の警察に、相談に行ったんです。

そんなことがあったのち、一座は解散してしまいました。私は永井さんと一緒に、再び京都に帰って来ました。永井さんがあちこち聞き歩いてくださって、新しくできた新劇の団体、表現座というのに口をきいてくださったんです。

ダンディズム

詩的履歴書。——大正四年の初め頃だつたか終頃であつたか兎も角寒い朝、その年の正月に亡くなつた弟を歌つたのが抑々《そもそも》の最初である。学校の読本の、正行《まさつら》が御暇乞の所、「今一度《ひとたび》天顔を拝し奉りて」といふのがヒントをなした。

大正七年、詩の好きな教生に遇ふ。恩師なり。その頃地方の新聞に短歌欄あり、短歌を投書す。

大正九年、露細亜《ロシア》詩人ベールィの作を雑誌で見かけて破格語法なぞといふことは、随分先から行はれてゐることとなんだなと安心す。

大正十年友人と「末黒野」なる歌集を印刷す。少しは売れた。

大正十二年春、文学に耽りて落第す。京都立命館中学に転校す。生れて始めて両親を離れ、飛び立つ思ひなり、その秋の暮、寒い夜に丸太町橋際の古本屋で「ダダイスト新吉の詩」を読む。中の数篇に感激。

大正十三年夏富永太郎京都に来て、彼より仏国詩人等の存在を学ぶ。

（中原中也「我が詩観」より）

中原が私と同棲《どうせい》したのは十七歳だったんですから、いまから考えてもおませな中学生だったと思います。詩の話になると一家言あって、どんな人にもおじけづかず対等でしたが、富永太郎さんにだけはいつも謙虚でした。

富永さんは下宿に毎日みえていた時期があったから、私もあの人を知っておりました。中原が富永さんと友人になったのは、いつのころからか知りませんが、紹介したのは冨倉次郎（次郎はペンネームで本名は徳次郎・編者）さんでしょう。冨倉さんは仙台の二高のとき富永さんの先輩で、二人は知り合いだったようです。

冨倉さんのところへは、私も中原に連れて行ってもらったことがありました。家は岡崎あたりにあって、岡崎公園を散歩してから、そこへ行きました。あの方は京都帝国大学に在学しながら、立命館中学の先生もしていて、中原を教えたことがあったんです。だけど、先生と生徒というような間柄じゃなかったようで、中原はダダ気取りだったから、もう対等のようなふうにしていました。

冨倉さんは私たちの関係を、すでに知っていたようで、中原に私という人間を評して、こんなふうにいっていました。

「全体が、というんじゃなくて、ひとついいところがあるということが、いいんだろう」冨倉さんはひやかし半分で、私たちにこういったんでしょうが、よく意味がわかりませんでした。

その時はまだ、大将軍椿寺の下宿にいて、撮影所の連中とワアワアやっていたころでした。その後、私たちは下加茂の近くの出町に越して行ったんです。富永さんが下加茂の糺《ただす》ノ森あたりにいたから、その近くへと行ったんだと思うんです。引っ越して行った出町の下宿には、いつもみえましたけど、富永さんは椿寺のときには、一度もいらっしゃったことはありませんでした。

椿寺の下宿はまかないつきの下宿屋だったから、それだけ下宿代も高かったと思います。私がマキノ・プロに行ってたときは、月十五円くらいもらっていましたから、自分の食事代くらいありましたが、そこをやめさせられてからは、まったく中原の居候でした。それでお金がかかるから、中原はときどき、「おあしを引き出しに行こう」って、郷里の山口に帰っておりました。

出町では、まかないなしの間借りでした。越したのは大正十三年十月です。『中原中也アルバム』（角川書店）に、私たちの住んでいた家の写真が載っていますが、河原町と寺町の間、中筋通を今出川通から四十メートルほどくだった西南の角がその家なんです。その二階に、私たちは間借りしたんです。

その家の人はなんかの職人さんみたいで、朝出かけて夕方まで帰って来ませんので、椿寺のときと違って静かでした。部屋は六畳と四畳半が二間ありました。その四畳半のほうを中原が勉強部屋に使っていましたが、人が来ると六畳のほうで話するんです。

もっとも出町へは、富永さんとつき合うために越して来たんだから、中原のつき合うのは富永さん一本槍《いっぽんやり》でした。部屋にはほとんどあがられることはなかったけど、正岡子規が亡くなったあと、正岡家を継いだ正岡忠三郎さんがときどきは来られました。そんなとき、正岡さんは中筋通の路上にいて、「いるかい」と声をかけるんです。

中筋通に面した中原の勉強部屋には、昔ふうな小さな窓がひとつありました。外からみると、壁はみな板張りで、窓は二階にひとつしかないんです。私たちはそれをスペイン窓といっておりましたが、そのスペイン窓に向けて、「いるかい」と呼ぶんです。

正岡忠三郎さんは仙台の二高のときは富永さんと同級だったと聞きました。正岡さんはそのころ京都帝国大学の学生で、それも真面目な学生みたいでした。文学論なんかあまりなさらないで、わりと放胆なもののいい方をしておられた気がします。

富永太郎さんはまったくの文学青年のようでした。もの静かな口調で、チェーホフのことなんか語られるんです。

はじめて富永さんが出町に来られたときは、薄茶色の背広で、髪はわりあい長くしておられて、そのうえにお釜《かま》帽をかぶっていました。あの方の髪は赤毛で、こまかくちぢれた髪の毛だったから、お釜帽がよく似合うんです。ちょっと外人のようでした。

富永さんは東京の人だし、上海などにも行ったこともあったんでしょう。なんとなく洗練されているって感じでした。髪をとくに意識的に長くしてみたり、わざとらしい恰好《かっこう》をつけてる、というのとは違うんです。洋服着ても自然で、いわば人柄で着るというんでしょう。あの人のおしゃれは、人柄の出たダンディズムというんですか、どことなく品がありました。

あのころ、フランス製の陶器でできた白いパイプを売っていました。長さは三十センチぐらいでしたか、六銭ほど出せば手に入るんです。それを富永さんはいつも持っていて、しょっちゅう手でふいていました。それは素焼きだから、タバコを吸っているうちにタバコのヤニがしみて、いい色になるんです。だけど、長くたつと固まりすぎて割れるので、大事そうにあつかっていました。そんな長いパイプをくわえて街を歩くのが、また恰好いいんですね。京都は古典的な街ですけど、かえってダンディなものがよく似合うところもあるんです。

中原も結構おしゃれで、一時はピエロのズボンみたいなのをはいていました。お尻《しり》のところをダブダブにとり、足首のところをきゅっと細くしたズボンです。あれで背が高ければ、そんなスタイルはできなかったでしょうが、背が低かったから故意に子供じみた恰好していたようでした。その上に、釣り鐘マントをはおっていました。そのマントはとてもよい生地で、肩のところにはたっぷりギャザーをとり、丈《たけ》はひきずるほど長かったんです。中原も富永さんに真似て、白いパイプをくわえて歩いておりました。

中原のスタイルはだれかを真似たものでなく、独自のおしゃれのようでした。そんな中原と、ダンディな富永さんが連れだって京都の街を歩くときは、ヴェルレーヌとランボーのようだと思ったものです。

二人は京都の街をよく散歩しました。そんなとき、私もときには連れて歩いてくれますし、展覧会などには一緒に行ったこともありました。

私は一度だけ、富永さんの借りていた家に行ったことがあります。

出町の橋を渡って左のほうへ行くと下賀茂神社があります。その神社のところを横にずっと伝わって行くと、富永さんの住んでいる家がありました。富永さんはそこをアトリエがわりにつかっていたようで、絵など置いてあったのを覚えています。そのなかの一枚の絵の景色をどこかで見たと思ったら、その家にある庭なんです。庭のすみに一本の大きな木がある風景を、富永さんは絵にしておりました。

私は富永さんが絵を描いているところを、見たことはありません。あんまりは描かれていなかったんじゃないでしょうか。たいていは出町の私たちのところに来られていて、中原と文学の話ばかりなんです。そんなときは、私のいる六畳の間で話すから、何をいっているのかよく聞こえるのですが、私は話に加わるようなことは滅多にありませんでした。

話の内容がむずかしそうで、加われなかったせいもありますが、中原はそんな私をみて、「そばにおいても邪魔にならない女だ」と富永さんにいっておりました。

富永さんはたいてい夜遅くまで話していかれますから、夕食も一緒でした。それは私が準備したんですけど、きちんとできず、へまなことばかりしましたので、中原にはよくからかわれました。

私は簡単ですから、イカ刺をよくつくり、ときにはお魚を煮たり焼いたりもしました。水をつかう下ごしらえは、階下の古井戸のところですませ、あとは六畳の間でやりますので、そこの床の間に七輪などを置いて調理場がわりにしておりました。

富永さんも中原も、とくに食べもののことには何もいいません。もちろんお金がなかったから、酒を出すようなこともありませんでした。

私がかたわらで、食事の準備をしているときも、二人はやっぱり文学論をやっているんですけど、談論風発みたいなものはなくて、静かに話していました。チェーホフの話が多かったと思います。

富永さんはあのころ、しきりにチェーホフの本を読んでおりました。岩波のブルーの濃いカバーのついた本だったと思います。それを何冊かもって来て置いていらっしゃいました。そのなかの小説『六号室』というのを、富永さんは私に「これ読んでごらん」とすすめてくださったこともありました。

富永さんはあのころ、仕事らしいものは何もしていられなかったようです。いつか喀血《かっけつ》したこともあって、健康はあまりすぐれなかったんじゃないでしょうか。あのころ病気について詳しいことは知らなかったけど、それとなくわかりました。

（富永太郎は「山繭《やままゆ》」創刊号に載せた「秋の悲歎」をこの年十月に書いている。そのころの富永の心境がうかがえるので次に抜粋してみよう。編者）

私は透明な秋の薄暮の中に墜ちる。戦慄は去つた。道路のあらゆる直線が甦る。あれらのこんもりとした貪婪な樹々さへも闇を招いてはゐない。

私はただ微かに煙を挙げる私のパイプによつてのみ生きる。あの、ほつそりとした白陶土製のかの女の頸に、私は千の静かな接吻をも惜しみはしない。今はあの銅色《あかゞね》の空を蓋ふ公孫樹の葉の、光沢のない非道な存在をも赦さう。オールドローズのおかつぱさんは埃も立てずに土塀に沿つて行くのだが、もうそんな後姿も要りはしない。風よ、街上に光るあの白痰を搔き乱してくれるな。

私は炊煙の立ち騰る都会を夢みはしない——土瀝青《チヤン》色の疲れた空に炊煙の立ち騰る都会などを。今年はみんな松茸を食つたかしら、私は知らない。多分柿ぐらゐは食へたのだらうか、それも知らない。黒猫と共に坐る残虐が常に私の習ひであつた……

夕暮、私は立ち去つたかの女の残像と友である。天の方に立ち騰るかの女の胸の襞《ひだ》を、夢のやうに萎れたかの女の肩の襞を私は昔のやうにいとほしむ。だが、かの女の髪の中に挿し入つた私の指は、昔私の心の支へであつた、あの全能の暗黒の粘状体に触れることがない。私たちは煙になつてしまつたのだらうか？　私はあまりに硬い、あまりに透明な秋の空気を憎まうか？

　繁みの中に坐らう。枝々の鋭角の黒みから生れ出る、かの「虚無」の性相《フイジオゲノミノ》をさへ点検しないで済む怖ろしい怠惰が、今私には許されてある。今は降り行くべき時だ――金属や蜘蛛の巣や瞳孔の栄える、あらゆる悲惨の市《いち》にまで。私には舵は要らない。街燈に薄光るあの枯芝生の斜面に身を委せよう。それといつも変らぬ角度を保つ、錫箔のやうな池の水面を愛しよう……私は私自身を救助しよう。

　富永さんが京都を引き揚げて、帰京された理由は知りませんが、やっぱり病気のことがあったんじゃないでしょうか。だけど、ご自分で病気のことを話されたことはなかったようです。とにかくあの方は寒くならないうちに、京都をたたれたと覚えております。

　帰京されたのちは、富永さんからのハガキがよく来ておりました。昔あった三つ折りのハガキでしたが、それには東京の文学仲間のことなどが書いてあったんでしょう。小林秀雄の存在なども、中原はそれで知ったようでした。いろいろ刺激されていたようです。中原はとにかく、文学の話、そういう方向にむいてる友だちが、なによりほしいわけです。富永さんがその意味ではまったくよい友だちだったんですけど、東京に帰ってしまったから、友だちがいなくなったんですね。それで、こんどは中原のほうが東京に行きたくなったんでしょう。だけど、まだ立命館中学の四年生だったから、急に上京はできませんでした。

富永さんが来なくなってからは、食事のときも二人きりで、なにか寂しい気がしました。それでひとつのお盆に、二人の茶碗《ちゃわん》をならべて食べたりしました。だけど、中原はついちょっとした私の失敗を取り上げて、からかうのだけはやめませんでした。そんなのが、とても口惜しかったことを覚えています。

あるとき、私は怒ったままご飯を茶碗によそっているのをみて、中原はこういいました。

「怒ってるといって、ご飯よそってるじゃないか。それは怒ってない証拠だよ」

「まだ怒っているけど、ご飯よそうのと怒っているのとは別よ」

私がそんなふうに強い口調でいうと、中原はニヤニヤ笑って、それ以上は何もいいませんでした。

京都のときの中原は、酔って喧嘩《けんか》をふっかけるようなことはありませんでした。友だちとの話にいらだって、声を荒だてたりすることもありませんでした。私のほうが年上だけど、中原は兄のようにも父親のようにもふるまい、詩ができるとすぐ見せてくれました。中原がそれを読むのを聞いて、私は涙をボロボロ流して、泣いたときもありました。

私は演劇への夢を、そのころもまだ捨てきれず持っていましたけど、それをどう実現したらいいのか、名案はありませんでした。中原のほうから東京へ行こうといいはじめたときは、また芝居やれるかもしれぬという、漠然とした希望みたいなものが湧いてきて、嬉《うれ》しかったことを覚えております。

II　これがどうならうと

II

これがどうならうと、あれがどうならうと、
そんなことはどうでもいいのだ。

これがどういふことであらうと、それがどういふことであらうと、
そんなことはなほさらどうだつていいのだ。

人には自恃《じじ》があればよい！
その余はすべてなるまゝだ……

自恃だ、自恃だ、自恃だ、自恃だ、
ただそれだけが人の行ひを罪としない。

（中原中也「盲目の秋」より）

詩人修行

月は空にメダルのやうに、
街角《まちかど》に建物はオルガンのやうに、
遊び疲れた男どち唱ひながらに帰つてゆく。
——イカムネ・カラアがまがつてゐる——

その脣《(くちびる)》は胠《ひら》きつて
その心は何か悲しい。
頭が暗い土塊になつて、
ただもうラアラア唱つてゆくのだ。

商用のことや祖先のことや

忘れてゐるといふではないが、
都会の夏の夜《よる》の更《ふけ》——

死んだ火薬と深くして
眼に外燈の滲みいれば
ただもうラアラア唱つてゆくのだ。

（中原中也「都会の夏の夜」）

私たちが上京したのは、大正十四年三月でした。中原はそのとき、いちおう立命館中学を終えていたわけです。処分する道具なんかなかったから、そのまま東京にやって来ました。

下宿をみつけるまで、数日間は鶴巻町の旅館に泊まったように覚えています。中原は早稲田に入ろうとしていましたから、下宿もそのあたりを捜しました。みつけたのは戸塚源兵衛というところ、ちょっと山に登りかける場所にあった家でした。借りた部屋は一間きりしかなかったけど、八畳くらいの広さでした。

そこに居所を定めましたけど、中原はじっとしていなかったように思います。あの人は友だちがほしかったのでしょう、それも文学を志している人が。そんな人に出会うために、いつも外出しておりました。

私は一人になると、せっかく東京にやって来たんだから、芝居やりたいな、と思いました。だけど、そのことで中原に相談したことはありません。あの人はそんな方面には、あまり興味ないんです。私が口に出さなかったから、芝居やりたい気持は、すでにおさまっている、と思いこんでいたようです。

何といっても中原は田舎育ちですから、芝居のことは知りません。たまにはドサ回りの芝居は見たこともあったでしょうけど、ほんとの芝居はわからなかったんじゃないでしょうか。芝居を見に行くというようなことはありませんでした。

あれでも、京都の椿寺にいたときは、撮影所の連中がいましたから、いろいろ刺激され、新京極の洋画館に行くことはありました。岡田時彦さんが出演した映画は、岡田さんに誘われてよく見に行っておりましたが、東京に来てからはもう文学一筋で、映画などには興味を示さなかったようです。

中原のほうは、私なんかにかまわないで、友だちのところばかりを訪ねておりました。私は暇をもてあまし、もの珍しさもあって、よく外出しました。今日は帝劇、明日は三越、そんな流行《はや》りことばがありましたが、私もそんな気分になって、よく三越には出かけて行きました。

三越へ行くのに、はじめはどう行っていいかわからなかったけど、道をおそわってなんとか日本橋まで、一人で行けるようになりました。あのころの高田馬場って郊外でしょう、表通りは屋並がずっと続いていましたけど、裏側は野原なんです。やっぱり田舎の感じでした。だから、日本橋に出かけるのは都会に行くようで楽しかったんです。

戸塚源兵衛の家から早稲田鶴巻町をずっと歩いて、途中から市電に乗って行きました。大曲のところを通り、白木屋の交差点を過ぎたあたりで降りて、三越へ行く道を聞いたのを覚えております。

ところで、中原の受験ですが、早稲田のほうは受けに行かなかったから、入学できませんでした。間もなく私たちは中野へ引っ越しました。そこは一戸建ての独立家屋で、あのころの貸家というのは、どこもみな同じようでしたけど、玄関が二畳ほどあって表が六畳、奥に四畳半、それに板間の台所がありました。南側の六畳の部屋には縁側がついていて、広い庭のある家でした。周囲には生垣もちゃんとありました。

その庭のなかほどには、つるべの井戸がありましたが、困ったことに、その井戸の囲いが壊れていて、汚水が流れこむんです。広島では早くから水道で育ったのに、京都のときも水が悪く、東京もよくありません。郷里を出てからは水に恵まれないから、私は水に縁がない女だな、と思ったりもしました。

中野に移っても、所在なさは変わりません。そんなある日、それも急に雨が降りはじめた夕方でした。私は六畳の部屋から、雨にぬれた井戸のあたりをぼんやりとながめていた

とき、その家でのはじめての訪問客がやって来たんです。その人は傘を持たず、濡《ぬ》れながら軒下に駆けこんで来て、私を見るなり、

「奥さん、雑巾《ぞうきん》を貸してください」といいました。

私はハッとして、その人を見ました。それまで、私は雨のふる光景をみて、感傷にふけっていたから、急には現実感をよびもどせません。その人は雨のなかから現れ出たような感じでした。雨に濡れたその人は新鮮に思えました。

私は小林秀雄がはじめて訪ねて来た日のことを、こんなふうに覚えております。中原はそのとき、奥の四畳半の部屋で、本を読んでいました。小林は私の出した雑巾で足をぬぐい、縁側から上って、中原のいる部屋でしばらく話して帰りました。

もちろん中原は、それまでにちょくちょく小林に会っていたものと思います。京都にいたときから、小林の存在は富永さんから聞いて知っていました。上京すると間もなく、小林のところへ訪ねて行ったと思うんです。あの人は友だちをつくるのに熱心でした。

小林は一高を卒業して、その四月に東大の仏文に入ったところでした。私より二つ上だから二十三歳になっていたはずです。そんな年上をつかまえても、中原（十八歳）は対等の友だちで通しました。

あのころ、小林はお母さんと一緒に、杉並の馬橋に住んでいましたので、中原はその近くにと、高円寺に引っ越したのです。京都のときは、富永さんとつき合うために椿寺から

出町に移りましたが、今度は小林を選んだんです。とにかく、これはと思いこむと、そばへそばへと行って、根《こん》つめてつき合うんです。

小林と知り合うと、中原はそのまま高円寺に引っ越すことを決めましたから、中野の家はほんのしばらくしかいませんでした。荷物がほとんどないから引っ越すのも気軽なんでしょう。机と少々の本、それに最低限の炊事道具。それを運んで高円寺に来たんですが、今度は二階で階段をあがって三畳、六畳と続いた部屋でした。

高円寺に移ってからは、中原を訪ねて来る友だちが多くなりました。なかでも一番やって来たのは、やっぱり小林でした。といっても、小林はお母さんや妹さんと一緒に住んでいましたから、京都のときの富永さんほどじゃありませんでした。

永井龍男さんもよくみえました。私は永井さんが白地の浴衣《ゆかた》を着て、部屋の入口のところで足をふいていたのを覚えています。私は誰が来ても、足をふいてから入ってちょうだい、といってたんです。あの頃、私はそんなことがしきりと気になりかかっていたんでしょう。

そのほか笠原健治郎さんも来ていたし、石丸重治さんはどうだったかな、のちに石丸さんの家に遊びに行ったことはありますが。とにかく多いときは、五、六人が一緒になることもありました。

その人たちは階段をあがってすぐの三畳の狭い部屋で、いろんな話をしていました。私はその話に加わったことはなく、三畳の部屋にはお茶をもって行くぐらいだから、めったに来ない人の顔は覚えておりません。

みんな集まって、なにを話していたか知りませんが、あの人たちは文学の話以外はありません。なかでも、小林と中原とはお互い、思想がかみあったんでしょう。相手として不足ないというか、ちょうど議論の相手によかったようでした。そんな二人の話を中心に、その場に居合わせた人たちも加わって、文学論をやっておりました。

あの頃、お酒をときどき部屋で飲んでいたようです。あるとき誰だったかがジンをもってきて、それを飲んだ時は、私も仲間に加わって八杯飲みました。それでもケロッとしていたもんですから、強いなあ、強いなあ、とみんながいっておりました。

小林も永井さんも、二階の屋根にあがっちゃって、ゲエゲエ吐いておりました。それでも、私はわりと平気でおれました。私の小さいころ、祖母が柳蔭っていう、みりんと焼《しよう》酎《ちゆう》とを配合したの飲んでいましたから、それをおしょうばんしていました。それは甘くしてありますから、飲みやすかったのを覚えております。だけどそれ以来、お酒はほとんど飲んだことありません。ジンを飲んでも水と同じような感じがして、八杯も飲んだんです。気分で酔うことあるでしょうが、私にはそんな気分さえもまだわからなかったんでしょう。私がジンを飲んでも平気でいたもんですから、中原の友だちからは、一人前にあつかわれるようになりました。

文学の話となると、それはきりがありません。みなさんは夜遅くまで、さんざん話をした後なんか、腹がすいて仕方がないんでしょう。腹すいた、腹すいた、というわけで、当時永井さんのお兄さんが阿佐ヶ谷でやっている支那《しな》ソバ屋へよく行きました。高円寺からそこまでは、ひと停留所あるんだけど、みんなでゾロゾロとそこへ行くわけです。そんなときは永井さんも一緒だから、お代なんか払いませんでした。払おうにも、みんなお金なんか持っていないんです。あのころはなにかあると、みんなでゾロゾロ出かけたもので、上野の美術館へも、小林や中原とよく出かけました。

京都では富永太郎さんと、何回か展覧会に行きましたが、東京では富永さんに一回きりしか会いませんでした。私たちが上京して来たときは、あの方は病気なので、片瀬で療養しているとか聞きました。それがいつだったか、富永さんが訪ねてみえたんです。私たちがまだ戸塚源兵衛の家にいたときだったと思います。

「片瀬からぬけ出して来たんだよ」

富永さんはそういっておられました。青い顔をしてやつれたふうに見え、ほっぺただけは熱のためか赤くなってたの覚えています。富永さんとはそれっきりになってしまいました。

富永さんはあのころ、「鳥獣剝製《はくせい》所」という散文詩を発表されていました。中原が富永さんと会ったとき、その詩のことを直接話題にしたか、どうか忘れましたが、中原たちがよく問題にしていたのは覚えています。

（富永太郎の詩が中原や、その他の文学仲間に与えた影響は大きいと思う。参考のため「鳥獣剝製所」の一部を引いておく。編者）

私はその建物を、圧しつけるやうな午後の雪空の下にしか見たことがない。また、私がそれに近づくのは、あらゆる追憶が、それの齎す嫌悪を以て、私の肉体を飽和してしまつたときに限つてゐた。私は褐色の唾液を満載して自分の部屋を見棄てる。どこへ行くのかも知らずに……

煤けた板壁に、痴呆のやうな口を開いた硝子窓。空のどこから落ちて来るのか知ることの出来ぬ光が、安硝子の雲形の歪《ゆが》みの上にたゆたひ、半ばは窓の内側に滲《にじ》み入る。人間の脚の載つてゐない、露き出しの床板。古びた樫の木の大卓子。動物の体腔から抽き出された、軽石のやうな古綿。うち慄ふ薄暮の歌を歌ふ桔梗色の薬品瓶。ピンセットは、ときをり、片隅から、疲れた鈍重な眼《まなこ》を光らせる。

私はその部屋の中で蛇を見た。鷲と、猿と、鳩とを見た。それから日本の動物分布図に載つてゐる、さまざまの両生類と、爬虫類と、鳥類と、哺乳類とを見た。

かれらはみな剝製されてゐた。

富永さんが亡くなったのは、大正十四年の十一月でした。電報で中原に知らせて来ました。中原は「富永が亡くなった」と私にいいました。それから中原がどうしたか、覚えておりません。富永さんも死んじゃったかと思いながらも、私の人生問題のほうに頭がいっぱいでした。もうあのころは小林のところへ行くことを、内心きめてました。そのことについてはあとでお話しますが、富永さんのことを考えるほどの余裕がなかったことは確かです。

私はのちに潔癖症というのに悩まされるんですが、考えてみると高円寺のころから、その兆候はありました。高円寺の家に梅の木があって、その梅の実が二階の屋根にポトッ、ポトッと落ちるんです。それがはじめは何の音だかわからなく、屋根を人が歩いているのかと思いました。恐ろしくって、しばらくは息をころしておりました。だけど人ではないらしいので、外に出て家のまわりをめぐってみると、梅の実が落ちているんです。それで安心しましたが、私は気になりだすと、どうにも気分の転換ができなくなるんです。

中原も夜遅く帰って来て、やっぱりその音が気になりだしたんです。起き出して「あれ、泥棒だ」といいました。

「あれは梅の実が屋根に落ちてる音なのよ」

「いいや、泥棒だ」

「梅の実よ」

「いいや、泥棒だ、動いている」

中原は私が戸外に出て、それを確かめたことをいっても信じないんです。泥棒が玄関から来るといって、階段のところに腰かけて、じっと見ているんです。私もやっぱり起き出さずにおれません。

「梅の実が落ちてるんだから」

「シィーッ、影が動く」

「梅の音よ」

「泥棒だ」

こうなってくると、私はもう寝られません。梅の実が屋根に落ちる音だと思っていたから、別にその音が気にならなくなっていましたけど、中原がこんなにまでいうと、その音を泥棒のだとは思わなくても、別の強迫観念みたいなものが、私の心に頭をもたげてきたんです。

私にはそうなりやすい気質はもともとあったんでしょうが、このとき以来、どうも変になった気がします。私は潔癖症がひどくなると、どうにも身を動かせなくなるんです。もっとも、中原と同棲《どうせい》時には、そんなにひどい潔癖症になったことはありません。それがひどくなったのは、中原のところから小林のところに行ってからです。

相聞

臘祭《(ろうさい)》の夜の　巷《(ちまた)》に堕《(お)》ちて
　心臓はも　条網に絡み
脂《あぶら》ぎる　胸乳《むなぢ》も露《あら》は
　よすがなき　われは戯女《たはれめ》

せつなきに　泣きも得せずて
　この日頃　闇を孕《(はら)》めり
遐《(とお)》き空　線条に鳴る
　海峡岸　冬の暁風

白薔薇《(しろばら)》の　造花の花弁

凍《い》てつきて　心もあらず
明けき日の　乙女の集《つど》ひ
それらみな　ふるのわが友
偏菱形《へんりようけい》＝聚接面《しゆうせつめん》そも
胡弓《こきゆう》の音　つづきてきこゆ

（中原中也「むなしさ」）


「こんなの書いたから読んでみろ」

以前はこんなふうにいって、中原はよく私に詩を読ませていましたけど、二人で高円寺に住んでいた終わりのころは、もうそういう感じはありませんでした。

もしかしたら、小林と中原の間も、そのころうまくいってなかったんじゃないでしょうか。だんだん奥へはいっていくと、思想の違いがはっきりしてくるもんだから、両方とも相手に一目《いちもく》おいて本格で話し、かえって喧嘩《けんか》にはなりませんでした。けど、真剣勝負のようなとこがうかがえました。そんなのをみてると、理解し合うということは、おざなりに仲良くしていることじゃないと思いました。

あれは七月のことでした、中原は郷里に帰って、いないときです。小林が一人でたずねて来ました。おそらく、小林にしてみれば、はじめは女がいるから、ちょっと行ってみよう、そんな気持だったと思うんです。きっかけというのはこういうものかもしれませんが、二人きりで話していると、何か妙な気分になりました。あのときは別にどうということもなかったけど、私はそれからときどき、中原に内緒で小林と会うようになったんです。

「あなたは中原とは思想が合い、ぼくとは気が合うのだ」

二人で会ってたときなど、小林はこういったこともありました。あの人はサービス満点といえばいいのかな、東京育ちですから野暮ったさがないわけです。その点、中原はほったらかして、私をあまりかまわない状態でした。そうなると、私はやっぱりやさしい方に傾いていきました。気が合うのだといってくれる小林は、私の望んでいるものを、もしかしたら与えてくれるかもしれない、そういう期待感が持てました。そんなことをひそかに思っているうちに、夏が過ぎていきました。そのころになると、私の潔癖症が頭をもたげはじめておりました。

私は中原に対して、別にやましいところがあったとは思っておりません。私にも将来のことをいろいろ考えなければならぬ時期だと思えたから、あれこれ思案するうちに、ひどく悩んでいたようでした。そんな私のことを心配し、小林はいたわってくれました。あるとき、彼は意を決したように、私にこういったんです。

「大島へ旅行してみよう」

　私はこのことばに迷いました。大島へ行くとなると、どうしても一泊ぐらいはすることになるから、いままでのように、無邪気に交際しているわけにもいきません。だけど、小林とのつき合いにはロマンがあって、私はその旅行にかけてみよう、と決意して大島行を約束しました。

　私は十月のある日の午後一時に、小林と品川駅で落ち合うことにしておりました。その日、中原は朝から出かけていましたから、私は何もいわないで、そのまま出かけようとしたんです。そのとき、ポツリポツリと雨が降ってきて、ちょっと空模様をながめてと思っていると、出かけていた中原が帰って来ました。こうなると、さっさと出にくくなって、しばらく、しばらくと出発を渋っていたんですけど、約束の時間のほうはもっと気になりました。

「ちょっと、私は出かけてくる」

　中原にはそういって、急いで約束の品川駅へと向かいましたが、そこに着いたのは二時でした。あるいは待っていてくれるかな、と思いましたが、小林はもうそこに待ってはいませんでした。あとで知ったんですが、あの人は一人で大島へ行ったんです。

　私が約束をやぶったから、もう小林との間は終わりだと思っていました。浮かぬ数日を過ごしていたとき、誰だったかが、「小林、腹切ったよ」といいました。

私はびっくりしました。てっきり旅行をしていると思っていたら、腹切ったよと聞いたので、問いかえすと、「盲腸炎で京橋の泉橋病院に入院してるよ」というんです。私は早速見舞に行きました。

私が行ったとき、小林の妹さんがいて、「中原さんの奥さんがお見舞に来られました」といわれ、ちょっと変な気がしました。小林もちょっときまり悪いような顔をしておりました。けど、私が見舞に行ったのを、とても喜んでくれました。

このとき、小林の手術後の経過はよかったようで、ゆっくりなら歩けるようになっておりました。私を廊下まで送って出まして、小林は二人で一緒に住もうといったんです。中原のところを出て、小林のところに行くということに、これまで迷い続けておりましたが、病院の廊下で、「一緒に住もう」といった小林のことばを聞いたとき、私の腹は決まりました。この人と一緒に住もう、私はそう思いました。

このときも、私にそう深い気持はありませんでした。小林に恋いこがれて行ったというんじゃなく、ただ中原との生活はどこかで清算したいと考えておりました。そうしないと、私のやりたい新劇を、やることができないんです。といって、はじめから小林のところへ行こうなんて、思っていたんじゃありません。

私は中原のところから、どこかへ行かなきゃあ、と漠然と考えていたけど、東京では身をよせて頼れる知人なんかいなかったんです。そんなとき、小林が橋をかけてくれたようなことになったから、私はそっちへ渡って行きました。

私は小林の退院を待って、中原のところを去るつもりでした。それまでは中原に悪かったけど黙っておりました。いよいよになって、私はこういいました。

「私は小林さんとこへ行くわ」

もうそのときは、運送屋さんがリヤカーを持って、表で待っていたんです。あのとき、中原は奥の六畳で、なにか書きものをしておりました。そして、私のほうも向かないで、「フーン」といっただけなんです。

私は荷物をまとめて、出て行きました。

中原にしてみれば、すべてが突然のことだったと思います。はじめはきっと、私がちょっと遊びに行くくらいに思っただけなんでしょう。いよいよ荷物を運び出して去って行くときになっても、中原はやっぱり実感が湧かなかったようでした。何ということもなく、私は小林のもとへ行ったんです。

小林はそれまで、お母さんと一緒に馬橋に住んでおりましたが、今度は私と住むために、新しい家を借りました。そこはやっぱり杉並でしたけど、線路を越した北側で、天沼《あまぬま》というところでした。表通りからちょっとひっこんだところで、玄関が二畳くらい、そして六畳二間、台所が別についている家でした。私はそこで新生活をはじめたんですが、すべてについてやさしい小林と一緒にいることで、甘い気分にひたることができました。

中原はしばらくすると、その天沼の家にやって来ました。私は中原の家を急いで出てきましたから忘れものをしておりました。「荷物おきわすれていたよ」といって、中原はそれを持って来てくれたんですが、どうしているか様子も見たかったんだと思います。

（このあたりの事情を、中原中也は「我が生活」という生活記録ふうの散文にまとめている。彼に興味をいだく人にとっては周知の文章かとも考えたが、参考のため一部を引用しておく。編者）

　私はほんとに馬鹿だつたのかもしれない。私の女を私から奪略した男の所へ、女が行くといふ日、実は私もその日家を変へたのだが、自分の荷物だけ運送屋に渡してしまふと、女の荷物の片附けを手助けしてやり、おまけに車に載せがたいワレ物の女一人で持ちきれない分を、私の敵の男が借りて待つてゐる家《ウチ》まで届けてやつたりした。尤も、その男が私の親しい友であつたことゝ、私がその夕行かなければならなかつた停車場までの途中に、女の行く新しき男の家があつたことゝは、何かのために附けたして言つて置かう。

　私は恰度、その女に退屈してゐた時ではあつたし、といふよりもその女は男に何の夢想も仕事もさせないたちの女なので、大変困惑してゐた時なので、私は女が去つて行くのを内心喜びもしたのだつたが、いよいよ去ると決つた日以来、もう猛烈に悲しくなつた。

もう十一月も終り頃だつたが、私が女の新しき家《うち》の玄関に例のワレ物の包みを置いた時、新しき男は茶色のドテラを着て、極端に俯いて次の間で新聞を読んでゐた。私が直ぐに引返さうとすると、女が少し遊んでゆけといふし、それに続いて新しき男が、一寸上れよと云ふから、私は上つたのであつた。

それから私は何を云つたかよくは覚えてゐないが、兎も角新しき男に皮肉めいたことを喋舌つたことを覚えてゐる。すると女が私に目配せするのであつた、まるでまだ私の女であるかのやうに。すると私はムラムラするのだつた、何故といつて、――それではどうして、私を棄てる必要があつたのだ？

中原はその後も、天沼の家にときどきやって来ました。たいていは昼間に来ましたから、小林は学校へ行っていて留守なんです。そんなとき、私は中原になぐられたこともありました。だけど、私は中原に悪かったなんて思ったことありませんでした。ただお互いが行きたい方向に行ったんだから、それでいいんじゃないかという気持でした。

もともと好きでたまらなくて、中原と一緒に住んでいたんじゃありません。置いてやるというから、私はなんとなく同居人として住まわしてもらっていたんだから、中原と別れて行くときも、身につまされるものはありませんでした。私はそんな気持でいたんですが、中原のほうの態度はだんだん変わっていきました。

あるときは、私がお勝手してるときやって来て、中原はあばれたんです。その拍子に、私は裏窓のところへふっ飛んで、窓ガラスに首つっこんだこともありました。

そんな日が重なるうちに、すでに兆候のみえていた私の潔癖症はひどくなっていきました。顔を洗うために洗面器に水を入れても、何回も入れ替えて、また流さないではおれないから、作業は少しもはかどりません。外出して帰ったときなどは、着物につくホコリが気になって、気持が悪くて仕方がないんです。丹念に紙でホコリをふきとらなければならないんです。考えてみれば、かわいた紙でふいたからって、ホコリが落ちるはずはないんだけど、そうしなければ、私の気がすみません。それも気のすむまで、時間をかけてふきとりました。

そんな状態になると、私はお勝手のことなどできませんので、買物なども小林がしてくれるようになりました。あの人は学校に行くとき、お茶の水駅で下車して、東大まで歩いて往復しておりましたが、途中で神田明神のところへ寄り道して納豆を買って帰り、それをおかずにしておりました。あのころはご飯も家で炊かないで、近くのそば屋からどんぶり飯《めし》をとって、それに卵を入れた納豆をかけて食べたものです。そうすりゃお勝手のことしなくても済みます。それだけでは栄養的に調和がとれないので、野菜がわりによく海《の》苔《り》もたべました。そうやって、毎日毎日を過ごしたわけです。

小林のお母さんは、私たちのこんな生活を大変心配されたようでした。しばらくはお母さんのところへ行って、私たちは一緒に住んだこともあるんです。

そのお母さんは、私の潔癖症がなおるように、あれこれお世話してくださいました。あるときは長谷川泰子という名前がよくないのかもしれない、と改名をすすめてくださいました。たしか名古屋に哲学姓名判断というのがありまして、そこに問い合わせて、小林佐規子という名前がいいだろうということになったんです。私も潔癖症が軽くなればと、その通りにしておりました。また、小林のお母さんは信心深い人でしたから、私に信仰することをすすめてくださいました。

天理教に連れて行ってもらったこともありました。世界救世教というのもあのころ知りましたが、まだ一途《いちず》に信仰にも入っていけませんでした。

小林と二人で住んでいた天沼の家には、中原がときどき来るだけで、あとは誰もやって来なかったと思います。けど、小林のお母さんと一緒にいたとき、石丸重治さんがみえました。

石丸さんは「山繭《やままゆ》」という雑誌の同人で、みんなのスポンサーのような役も兼ねていたんじゃないでしょうか、とにかく金持ちなんです。家は青山にあって、小林に一度連れて行ってもらったことがありました。

石丸さんの関係から、私は柳宗悦さんの家にも行ったことがありました。石丸さんの奥さんは声楽家でした。そのお姉さんが柳兼子という有名なアルト歌手で、柳宗悦さんの奥さんなんです。柳さんは最初からの「白樺」同人で、武者小路実篤《さねあつ》さんとは縁が深いんですね。そんな関係で、小林はのち武者小路実篤さんとの縁ができたんじゃないでしょうか。

小林は私の潔癖症がなおるようにと、いろいろと苦心してくれました。ときどき、戸外に連れて行ってくれたのもそのためだったでしょう。私も小林と一緒なら外出しても大丈夫なんですが、一人になると不安で何もできませんでした。ひどいときは、一人でトイレにも行けなくなるんです。

しばらくは、小林のお母さんや妹さんと一緒に生活しましたけど、病気のほうはよくなりそうもありません。そうなると、一緒に住むのがかえってよくないようで、私たちは大正十五年の五月から鎌倉のほうへ行って、そこでしばらく住みました。

転居

秋空は鈍色《にびいろ》にして
黒馬の瞳のひかり
　水涸《（か）》れて落つる百合花
あゝ　こころうつろなるかな

神もなくしるべもなくて
窓近く婦《をみな》の逝きぬ
　白き空盲《（めし）》ひてありて
　白き風冷たくありぬ

窓際に髪を洗へば

その腕の優しくありぬ
　朝の日は澪《こぼ》れてありぬ
　水の音したたりてゐぬ

町々はさやぎてありぬ
子等の声もつれてありぬ
　しかはあれ　この魂はいかにとなるか？
　うすらぎて　空となるか？

（中原中也「臨終」）

私たちが住んだ鎌倉の家は、長谷《はせ》大仏前にありました。鎌倉彫りをしている家の二階を借りたんです。新しく建ったばかりで、二階にもトイレがついておりました。なかなかきちんとした家だったから、住みごこちがよく、さっぱりした気分になれるんじゃないかと私も小林も期待しておりました。

小林は私をよく散歩に連れて行ってくれました。鎌倉には小林の伯父《おじ》さんが住んでいて、そこへもよく遊びに行きました。その伯父さんはジャパン・タイムスに勤めておられたようでした。その奥さんはなんでも豊国の曾孫《そうそん》にあたるとかで、錦絵をたくさん持っておられたから、よく見せてもらいました。

転地療養で気分の転換をはかりましたが、私の潔癖症はよくなりません。小林が一緒にいてくれると、そうでもありませんが、留守のときは駄目なんです。小林は学生でしたから、あんまり学校へは行かなかったといっても、辰野隆さんの講義などには出ておりました。

小林と今日出海《こんひでみ》さんとは、そのころ知り合ったんじゃないかと思います。あの二人は東大のとき一緒なんです。あるとき、研究室でなにかの資料を、今さんが見ていたところへ、小林がツカツカと寄って行って、無造作にこういったらしいんです。

「君の読んでる本、これはおれがさがしてた本だから、貸してくれたまえ」

はじめは今さん、小林のことを大学の職員かと思ったらしいんですが、それにしてはみすぼらしいなりでした。しばらく見つめていて、ああ、これが噂に聞いてた小林秀雄という男か、とようやく気づいたというんです。そんなことを、今日出海さんはどこかに書いていましたし、私は今さんからも聞いたような気がします。

「君は小林か」

「ああ、そうだ」

まあこういう具合で、二人は知り合い、一緒にお茶でも飲もうということになったらしいんです。本郷の二葉亭という高級料理店に入って、フランス料理を食べながらフランスの本のことなど話したといっておりました。あのとき、どちらもお金を持ってなかったけど、今さんのほうはそこのつけがきいたらしいんです。文学の話なんかしだすと長いんですね、時間のたつのも忘れていたんでしょう。小林はヒョッと思い出したように、こういったといいます。

「あ、俺、早く帰らなきゃあ」

小林はちょっと間を置いて、いいにくそうに、こうつけくわえたそうです。

「俺は、実は女がいるんだ、女がジーッとして待ってるんだ」

小林はそういい置いて、さっさと帰って行ったというんです。あとで今さんと知り合ったとき、私にそのときのことを話して、「女が待ってるんだ、というのまではわかったけど、女がジーッとして待ってるんだ、というのがわからなかった」といっておられました。

私はほんとにジーッとして待っておりました。動くと妄想が浮かんできて、たえられなくなるんです。だから、何もしないで、ひとところに坐《すわ》っておりました。暗くなっても電気もつけません。トイレにも行かないで、ジーッと小林の帰りを待っておりました。

とにかく動くということは、なにか汚いことをしているように思えるんです。電気のスイッチにさわるのも汚いし、トイレのドアにさわるのも汚いし、立って足動かすのさえ汚いことするように思えるんです。そんなとき、身体をちょっとでも動かすと、グーッと妄想ばかりの世界におちこんでしまいました。

私はこうした潔癖症に悩まされて、自分のことで精一杯でした。そのころ中原がどうしていたか、そんなこと考えてみませんでした。中原は私たちが鎌倉に行ったことは知っておったでしょう。逃げて行ったな、と思っていたに違いありません。けど、鎌倉まで追って来たことはありませんでした。

鎌倉には半年あまり住み、私たちは逗子《ずし》に移りました。あのころ池谷信三郎さんが逗子に住んでいて、小林に来ないかといったんです。部屋代もタダでいいといわれたから、そこに引っ越していきました。

不思議なめぐり合わせだと思うんですが、私は関東大震災の前後に二度ばかり、池谷さんの家に行ったことがあったので、お母さんのほうを知っておりました。あのころ池谷さんはまだベルリンにいたんですけど、帰国後は小説を書いて新感覚派の作家として活躍しておられました。その池谷さんが今度は小林にタダで部屋貸すから来いといったんです。

池谷さんと小林は、思想の友だちというんじゃなかったと思います。知り合ったのは、小林が『文藝春秋』に六号活字で、無署名の記事を書いてたからじゃないでしょうか。あんまり深い関係はなく、『文藝春秋』での関係で誰かに紹介されたというくらいだったでしょうが、鎌倉と逗子とは近かったし、家があいてたから来ないか、と気軽にいったんだと思います。

池谷さんの家では、私たちが階下に入り、池谷さんが二階に住みました。池谷さんは独身だったから、食事こしらえたり、掃除してくれる爺《じい》やさんがおりました。その人は一階の台所横の部屋に住んでいましたが、私は一度もその部屋をのぞいたことはありません。

私はそのころも、お勝手のことはできなかったので、その爺やさんに頼んで、ご飯だけは炊いてもらっておりました。それだけ手間がはぶけましたが、おかずのほうはやっぱり小林が買って来て、作ってくれました。

池谷さんからときどきは、トランプするからいらっしゃい、と誘われました。小林と二階にあがって、一緒にトランプするんですが、私はそれが嫌でした。外に出るなら出るではっきりしてるから、潔癖症もそれほどたえがたくありませんけど、家のなかで気がすむようにするのはむずかしいんです。家のなかといっても自分の部屋でジーッとしているようにいきません。トランプするということ、身体を動かすということが、何か汚いことしてるように思えるから、もうたえがたくなるんです。でも、誘われるのに行かないのは悪いと思ってつき合いました。だから、私が池谷さんのお母さん知ってるなんてこと話しません。私にはそんな話する余裕はありませんでした。

そのころ、小林と中原との仲がもとにもどっていたのじゃないかと思うんですが、やっぱり中原の消息は知りません。私はそれどころじゃなかったんです。小林は小林で、病気の私をかかえて、どうしたものかと途方に暮れていたこともありました。そんなとき、私のことを相談するといえば、やっぱり中原しかいなかったんでしょう。小林が中原と会っていたとすれば、私を中原のところから連れて来たことを後悔して、悩んだすえでしょう。私たちが逗子に移ってから、中原が一度たずねて来たのは、小林が私のことで相談したからかもしれません。家のなかで話した覚えはありませんが、海が近かったから、そのあたりを散歩しながら、中原と話しました。

逗子のころはほとんど部屋にとじこもって、どこへも出かけぬ生活でした。あるときには、横光利一さんが池谷さんをたずねてみえましたが、池谷さんは東京へ出かけた留守でした。小林も東京へ行って、おりませんでした。爺やさんはいるにはいたんだけど、耳が遠いんです。横光さんは玄関で、「こんにちは、こんにちは」といっているんですが、爺やさんには聞こえません。私は私で潔癖してるから、動きたくありませんでした。だけど、横光さんはなかなか帰りそうもなかったんです。

横光利一といえば新感覚派の作家で、当時はなやかに活躍していた人でした。私はそのときがはじめてですから、横光さんとは知りません。ただ、「こんにちは、こんにちは」という声をジーッと坐って聞いてると、今度は坐っている畳が気持わるくなってくるんです。といって、立つのもまたいやなんです。坐るのもダメ立つのもダメ、私はどうしようもなくなって、玄関のところへ出て行くと、横光さんはこういわれました。

「横光ですが、池谷さんおられますか」

「今朝、東京へ行かれました」

「じゃあ行き違いになったんだなあ」

私は大変無愛想で失礼だとは感じましたが、やっとの思いで応対しました。横光さんはちょっと思い入れして、「また来ます」といわれて帰られました。とにかく、私の潔癖症はこんなふうだから、留守に人が来ると困りました。

私たちが逗子から東京へ帰って来たのは、昭和二年の秋でした。潔癖症はますますよくなかったから、小林は気分転換にと、よく引っ越しをしたのかもしれません。

今度は目黒の台町で、二階を間借りしました。そのころ、小林のお母さんたちは谷中の墓地の近くに住んでいましたので、私はそこにもよく行き、寝泊まりしました。お母さんとしては小林のことが心配だったんでしょう。あんまりそばに置いとくと、小林を苦しめるから、お母さんは私をときどき預かったんだと思うんです。

私は谷中にしばらくいて、そして小林のもとに帰るんです。そんなとき、私は新宿の中村屋に寄って、よく花林糖《かりんとう》を買って帰りました。回り道して、暗くなるほど遅くなって帰ってみると、小林はいないんです。待ってたけど、なかなか帰って来そうにないんです。下のおばさんに聞くと、風呂《ふろ》に行ったといいますが、待てども、待てども帰って来ません。おなか空いてしかたがないから、買ってきたお菓子を食べて、とうとうひと袋食べてしまったこともありました。

私は小林の帰りを待ちながら、外でなにしているのかと考えていました。私が帰って来ることを知っていたら、すぐ帰って来たんでしょうが、私がいないから、風呂へ行ってのんびりしてたんでしょう。

台町のときは河上徹太郎さんの家が近くでした。私が谷中に行かないときは、そこによく預けられました。そして、小林は家庭教師のアルバイトに出かけるんです。

河上さんは、たしか東大のとき小林より一年先輩、だからあのころは大学を卒業して家におられました。暇だったから、預かってくださったんだと思います。河上さんはずっと私のお相手で、ピアノをよく弾いて聞かせてくださいました。モーツァルトやベートーベンを聞いたのも、河上さんの家がはじめてでした。

あのころは音楽三昧《ざんまい》のぜいたくな毎日でした。河上さんの家ではご飯もごちそうになるし、おやつにはかならずケーキをいただきますし、まるで河上さんの家の娘みたいなときもありました。

私はもちろんお金はなかったけど、生活は小林まかせだから心配ありません。小林は用事がすんで帰る途中、河上さんのところに寄って、私を連れて帰るんです。河上さんの家を出るとき、小林は私に靴をはかせてくれました。私が靴のボタンなんかいじると、手を洗わなければならないといいだすでしょう。それをよく知ってるから、面倒を起こさないため、小林はさっさと靴をはかせてくれました。河上さんは私の潔癖症をよく知らなかったから、それをみて変に思われていたようです。私がいばって、それを小林にやらせている、と勘違いされていたときもあったようです。私は決してそんなんじゃなかったんですが。

(河上徹太郎氏はのちに『私の詩と真実』のなかで、小林秀雄氏と長谷川泰子さんの微妙な関係を次のように書かれている。ここで参考に引用しておく。編者)

その頃彼は大学生だつたが、或る女性と同棲してゐた。彼女は、丁度子供が電話ごつこをして遊ぶやうに、自分の意識の紐の片端を小林に持たせて、それをうつかり彼が手離すと錯乱するといふ面倒な心理的な病気を持つてゐた。意識といつても、日常実に瑣細な、例へば今自分の着物の裾が畳の何番目の目の上にあるかとか、小林が繰る雨戸の音が彼女が頭の中で勝手に数へるどの数に当るかといふやうなことであつた。その数を、彼女の突然の質問に応じて、彼は咄嗟に答へねばならない。それは傍で聞いてゐて、殆んど神業であつた。否、神といつて冒瀆なら、それは鬼気を帯びた会話であつた。

この、極度に無機的な感受性の夢を食つて生きる獏のやうな存在であつた女性に、小林は如何に貴重な精神的糧を与へられ、如何に貴重な時間と精力を徒費したか、未だ曾て彼自身何も書かうとしてゐない今日、私はこれ以上述べるおせつかいを慎しむが、とにかく私にいへることは、彼がこの種の「質問」の隙を見て、煙草を買つて来ると称して、近所の私の家へ頭の保養によくやつて来たことである。

私が河上さんの家に出入りしていたころ、ほかの友だちはあまりみえませんでした。河上さんのところで、中原に会うということも、ほとんどなかったような気がします。

あのころ、河上さんのほかに、私は今日出海さんの家にも行ったことがあります。東大の近くの西片町というところに住んでいらっしゃいました。今さんのお父さんは外国航路の船長かなんかなさっていたんでしょう。白髪の紳士という感じでした。

あの方は仕事の関係でインドなんかへよく行かれるようでした。インドの地霊学を研究していると聞きましたので、私は地霊学というものを知るために、ときどき行っていたこともありました。

私が地霊学なんかに興味を持てば、神経衰弱にいいんじゃないかと考えて、小林が連れて行ってくれはじめたんです。だけど、あのころは地霊学などというものを信じなかったから、話を聞いてて何がなんだかわかりませんでした。いまごろになって地霊学のことなども聞いてみたいと思うこともあります。

今日出海さんたちの住んでいた家はかなり古かったけど、その隣りに新築の家があって、そこに今東光さん夫妻がおられました。あのころはまだ髪の毛がふさふさして、いまのようじゃなかったですね。もう大衆文芸で相当鳴らしていたときでした。

私が今東光さんに紹介されたとき、奥さんは人形抱いて立っておられました。あのころは、東光さんの奥さんみたいな人や、私みたいなのや、相当変わった人間がニョキニョキ出てきたときでした。とにかく伝統をやぶるような嫁さんが出てきた、おもしろい時代でした。

失跡

冬の黒い夜をこめて
どしやぶりの雨が降つてゐた。
——夕明下《ゆふあかりか》に投げいだされた、萎《(しお)》れ大根《だいこ》の陰惨さ、
あれはまだしも結構だつた——
今や黒い冬の夜をこめ
どしやぶりの雨が降つてゐる。
亡き乙女達の声さへがして
aẽ ao, aẽ ao, ẽo, aẽo ẽo!
　その雨の中を漂ひながら
いつだか消えてなくなつた、あの乳白の脬嚢《(ひょうのう)》たち……
今や黒い冬の夜をこめ

どしやぶりの雨が降つてゐて、
わが母上の帯締めも
雨水《うすゐ》に流れ、潰れてしまひ、
人の情けのかずかずも
竟《つい》に密柑《みかん》の色のみだつた？……

（中原中也「冬の雨の夜」）

潔癖症のことを、くどくどいうようですが、小林とは、私が潔癖症だったために、かえってしっかり結びついていたといえましょう。小林はそのことをまるでシベリア流刑だ、といっておりました。

シベリアでは罪人に、バケツで水をくませる刑罰があると聞きました。ふたつの水槽の間で、一方から他方に水を移しかえ、それが終わるとまたもとの水槽に水をもどすといった刑罰なんだそうです。小林は私の潔癖症で悩まされることを、シベリア流刑にたとえておりました。

私はなんでも、ある意味で完璧《かんぺき》にしなきゃ、気分がおさまらない性格なんです。そう意識しだすと、神経がどうしようもなく高ぶります。途中、自分の思わくと違って、ちょっとでも曲がると、もう大変になるんです。

「あたしはどこにいるの」

たとえば、私は小林にこう質問するんです。小林はそれに応じて、「どこそこだ」というわけです。そんなとき、私は自分だけの妄想の世界のなかにいて、その妄想の世界での私のいる場所を、小林にいい当ててもらいたいんです。小林は答えるべきことばをこしらえて待っておりました。だけど、妄想のなかの私の場所を、小林はいい当てられるはずがありません。

まるでパズルみたいなもんですが、私の出す質問にパッと答えが出なければ、もうワーワーになってしまうんです。そして、気持はますます難解になっていきました。

小林は外出するとき、どこそこと外出先を書いておりましたが、帰って来るまでまったく不安なんです。ひとり部屋にこもって、今ごろ、小林が何をしているかなど想像し、それに合わせた質問をつくって、待ちました。私は彼が帰って来るなり、その質問をはじめるわけです。どこに行ったの、なにをしたの、玄関の引戸の音は数になおすといくつなの。たとえば、こうした質問にも、こうだと答えてくれるべきことばを、私は用意しておりました。だけど、私の頭のなかだけで決めた答えだから、小林はそうは答えてくれません。そうなると、私は怒りだしてしまうんです。

小林にいわせれば、これは質問病なんですが、私の問いに小林がぴったりと答えてくれたときは、なんともいえない爽快《そうかい》さがありました。霧がパッと晴れたようで、とたんにニニコニコ顔でした。だけど、また妄想の世界でつくりあげた質問をはじめていくから、その爽快さは長続きしないんです。同じことの繰りかえしでした。そんなふうでしたから、小林にとってみればシベリア流刑になるんです。

　私の質問病では、さんざん小林を困らせ、思いどおりの答えが返ってこないときは、私は泣きわめき地団駄ふんで、赤ん坊と同じになりました。小林は私の病気が肺病かなんかだったら、いくらでも介抱してやるんだけど、ことばがこんなんじゃどうしようもない、とよくいっておりました。いま思うと、二人の生活はちょっと想像できないくらい凄絶《せいぜつ》なものでした。

　私が潔癖症で悩んでいるときには、いつもプンプンしておりました。ほんとうは、私自身をいじめていたんですが、小林がそばに居るのだから結局彼をいじめる結果になりました。

　ある日、まだ目黒の路面電車があったころ、私はなにかでヒステリーおこして、電車が来ているのに、小林をそのほうに突き飛ばしたことがありました。そのときは小林がほんとに腹をたてて、「俺を電車にひかせようとした」といっておこりました。危険なほど電車は接近してなかった、と私はいいましたが、小林にしてみれば身の危険を感じていたようです。それで私を恨んでいたようなときもありました。

　なにかの話のついでのとき、小林は「こんなになっちゃ、心中するか、でなかったら俺が逃げ出すか、そのどっちかだ」などといったこともありました。それは私の気分が平静なときにいう話だから、別に、もつれることはありませんでしたけど、私は小林を決していじめたんじゃないんです。彼を信頼していたから、次から次に質問したわけなんです。

私たちは目黒の台町での生活も、長続きしませんでした。半年後の昭和三年二月には、東中野の谷戸というところへ引っ越しました。小林と一緒に住みはじめて四度目の引っ越しで、それが最後でした。

私たちは谷戸の文化村だといっておりましたが、同じようなマッチ箱のような家が五、六軒ありました。その一軒を借りたんです。その大家は松本泰さんといって、三田文学に関係してた人でした。慶應出てイギリスに行ったりしてましたから、あちら仕込みの紳士でした。その松本さん夫妻がその文化村の一番奥の家に住み、その前の家を私たちが借りました。

その家にしばらくいましたけど、私が例の調子でワーワーになるから気兼ねもあって、文化村の入口のところの家に移りました。どの家も間取りは同じでしたが、六畳一間と玄関のところに一畳のお勝手がついてるだけの小さな家でした。

私たちの隣りに、高見沢路直さんが住んでいました。のちに田河水泡の名で「のらくろ」という漫画を描いたのは有名ですけど、あのころはまだ漫画は描いていなかったと思います。未来派とか表現派の流行《はや》ったときで、高見沢さんも「マボォ」というグループに所属して、絵を描いていました。その絵は髪の毛がはりつけてあったり、労働するときの手袋ひとつはりつけてあったりする前衛でした。そんなの見て、小林は「あいつはまったくキザな奴だ」といっておりました。その高見沢さんと小林の妹さんは結婚することになりましたが、縁というのは不思議なものです。

大岡昇平さんがはじめてみえられたのは、谷戸のころだったと思います。成城中学に通われていたころで十九歳くらいでした。週一回こちらに来られて、小林からフランス語を習われていました。小林も大岡さんの家に出かけて教えたりもしていたようです。

私の潔癖症はやっぱりひどくて、うちにいるときは何もしませんでした。六畳一間しかないから、小林が大岡さんにフランス語を教えているときも、私は同じ部屋の片隅でジーッとしていました。

小林が持っていた人絹のひざかけをもらって、私はそれを敷いて坐《すわ》っていました。それはちょっとみると虎の皮にみえるんですが、それを敷いたところが私の領域でそこには誰も入っちゃいけないことにしていました。

家にいるときはそんなふうでしたが、外に出ると潔癖症のほうもあまり気になりませんので、谷戸にいたころフランス語を神田のアテネ・フランセに習いに行ったこともありました。校長は丸山順太郎というフランス語の大家でした。そこにはちょっとしか行かなかったけど、私は小林についてフランス語を勉強したこともありました。ナベパパンジャパンとかいうのを、「なべぶた……」と覚えとけなんていったりしていました。

小林はいつもよく勉強しておりました。一緒に電車に乗っても、たいてい本を読んでおりました。私は小林の一所懸命に勉強している姿を、素敵だと思っておりました。あの人が黙っているときの感じというのはすごく魅力的でした。それで、私はいつでも小林、小林っていっちゃって、もう甘ったれて子供みたいになってしまっていました。一人じゃなにもできない人間になっていたんです。

小林がどこかに出かけなければならないときは、目黒時代は河上徹太郎さんに預けられましたが、東中野に移ってからは、その役が大岡昇平さんでした。大岡さんには映画を見に連れてってもらったり、「中村屋」へもよく行きました。時間つぶすために、よく喫茶店まわりもしました。私はなにもできないから、大岡さんに会計もやってもらって、私はついて歩きました。

もちろん小林ともよく外出しました。小林もキートンの喜劇映画が好きだったから、武蔵野館あたりに映画を見に行きました。

東中野に移ってからは、私たちのところへ中原もやってくるようになりました。そんなときはみんなで外出して、酒飲んだりしたもんです。私と同棲《どうせい》していたころはそうでもなかったけど、中原はよく酒を飲むようになり、飲むと、とたんに人間が変わったようになって、私につっかかってきておりました。中原が私に、差し出がましいことをいうと、私もけっして負けていないでやりかえすんです。

私は精神年齢が低かったから、中原になにかいわれると、カーッとなっていました。いつかはレストランで喧嘩《けんか》になっちゃって、私たちはフォークとナイフでわたり合ったんです。そこで立ち回りがはじまるんですけど、一緒に行ってる連中はそれを黙って見ているだけでした。

小林にとって、私たちのそうした喧嘩は、実に不愉快な光景に見えるんでしょう、中原と私が姦淫《かんいん》しているように見える、と小林がいったこともありました。それほど、私たちの立ち回りは馴《な》れたものがありました。

そんなことが続いて、小林と私の生活は、だんだんうとましいものになっていたのかもしれません。それはあるきっかけから破局をむかえてしまいました。

私はそのころよく音楽会にも出かけておりました。日本青年会館であった新響の定期演奏会に行ったとき、私は山岸光吉さんという方と知り合いになりました。山岸さんは早稲田の理工科を出た若い建築技師で、そのころ、中野に住んでおられました。家が近かったから、ときどき遊びにも行っておりました。

あれは昭和三年の五月二十五日でした。私は山岸さんのところに遊びに行って、夜遅く帰って来ました。遅くなったからというんで、山岸さんに家まで送って来てもらったのですが、そのとき小林は勉強してたんだと思います。私たちの立っていた道のすぐそばの窓から、小林をよびました。小林は窓ぎわにいたんです。「私送ってきてもらったから、お礼いってちょうだい」といいました。

小林は窓をガラッと開け、「どうもありがとうございました」というなり、もうピシャリとその窓を閉めてしまったんです。それで山岸さんは帰りましたが、今度は私が家のなかになかなか入って行けませんでした。かなり神経は高ぶっていました。

私はただでも、外から帰ったときは、そのホコリを紙でふきとるために大変なんです。そのうえ小林は私の思いどおりのお礼いってくれなかったから、もう自制心をなくしてワーワーになっておりました。小林は私がつぎつぎ発する質問にも、その夜はうまく答えてくれませんでした。それで私は、小林に「出て行け」と叫んだんです。

私はまさかと思いましたが、小林はそのまま出て行ってしまいました。夜中の二時ごろだったでしょう。着物を着て下駄をはいておりました。その下駄の足音がだんだんと遠ざかって消えて行きました。はじめのうちは、すぐ帰って来てくれるだろうと思っていました。だけど、小林はもう二度と、私のところに帰って来ませんでした。

小林がいなくなった朝、私は大岡さんのところへ行きました。今日出海さんの家にも行きました。だけど、小林はどこに行ったかわかりません。大岡さんたちも心配してくださって、手分けして小林をさがしてくださいました。

私は小林のお母さんのところへも行きました。どういうつもりで持っていたのか、西洋剃刀《かみそり》を折り曲げたり開いたりして、小林の行き先をたずねました。しかし、お母さんも小林の行き先はわからない、ということでした。
私は河上さんとこへも行って、「秀雄さんいなくなっちゃった」っていいました。そのとき河上さんは奥から縁側のところまで出て来て、「いじめるからだよ、仏壇に線香でもあげて拝んどきな」といわれました。私は決していじめたりしなかったけど、小林の友だちはみんなそう思っていたようです。私は泣きながら小林の友だちのところをたずね歩きました。

（小林秀雄氏は長谷川泰子さんと別れて、奈良へ行ったのだが、そのころ中原中也はどうしていただろうか。そのあたりのことを大岡昇平氏は『中原中也』のなかで、いきいきと書いておられるから、参考として引用しておく。編者）

私は十九歳になったばかりで、本当に心配をした。中原に釣り込まれて、小林に憤慨さえしたくらいである。中原は河上徹太郎も今日出海も佐藤正彰も、小林の仏文の仲間を全部疑っていた。私もそんな気がして来た。
二日ばかり経って、渋谷駅前を歩いていたらタクシーへ乗って中原が来かかった。男の相客と何やら笑いながら話している。私はその後の様子を聞こうと思って駈け寄った。中原は私を認めて、笑いながら手を振り、タクシーは走り続けた。

停るだろうと思われた地点を越しても走り続けるので、諦めて立ち止った頃、タクシーは大分先でやっと停った。中原は窓を開けて
「駄目だ。まだわからん」

とか何とか言った。これから駒場の辰野先生の家へ相談に行くところだという。相客は澄まして、向うを向いていた。これが佐藤正彰だった。

中原の浮き浮きした様子は小林の行方と泰子の将来を心配している人間のそれではなかった。もめごとで走り廻るのを喜んでいるおたんこなすの顔であった。中原はそれまで随分私をうれしがらせるようなことをいってくれたのである。うっかり出来ないぞと思ったのは、この時が初めてである。

私は小林の消息をずいぶんたずねましたが、とうとうわかりません。それで白山上《はくさん》によく当たる易者がいるというので、易も見てもらいに行きました。ところが、そこに小林の妹の富士ちゃんがいたんです。私はびっくりして、どうしたの、とたずねました。よく聞いてみると、そこでアルバイトしてたようですが、富士ちゃんが先まわりして、私の邪魔しているんじゃないかと思いました。まあ、そんなことがありましたけど、私は小林がどこにいるか、易でみてもらいました。すると西のほうへ行っている、かならず帰るから修養して待ってなさいといわれました。だけど、小林はとうとう帰ってきませんでした。

III

私の聖母《サンタ・マリヤ》！

III

私の聖母《サンタ・マリヤ》！
　とにかく私は血を吐いた！……
おまへが情けをうけてくれないので、
　とにかく私はまゐつてしまつた……

それといふのも私が素直でなかつたからでもあるが、
　それといふのも私に意気地がなかつたからでもあるが、
私がおまへを愛することがごく自然だつたので、
　おまへもわたしを愛してゐたのだが……

（中原中也「盲目の秋」より）

築地小劇場

南京豆の皮のはしきれ。
なまめくかなしみは、胸に移る。
灰はざらざら。
人の声はしみて来ない。
夜は戸外でそのあたりに、
とまり、
じつにじつに平凡な夜でした。

（小林佐規子「ある夜」）

私は中原中也のすすめるままに、詩をつくったことがありました。これもそのなかの一篇で、同人誌の「白痴群」（第三号、昭4・9）に載った詩だったと思います。

小林が去ったあとも、私は闇のなかに消えて行った下駄の足音をたびたび思い出し、淋《さび》しさにうちひしがれておりました。小林はもう帰ってはくれなかったんです。そんな思いをこめて、この詩をつくったような気がします。

小林がいなくなったのちも、私は東中野の谷戸文化村に住んでおりました。どこへ行こうにも、行くところがなかったんです。そんな私のことを心配して、中原はしょっちゅう来てくれました。中原は友人たちにも頼み、手分けして、小林の行くえをさがしてくれたようです。

大家の松本さん夫妻にも、大変やっかいになりました。そのとき、私は二十四歳でしたが、今後の生活をどうしようという、いい考えは思いつきませんでした。お金もぜんぜん持っておりません。そんな私をかわいそうと思われたんでしょう、松本さんはそのまま家においてくださいました。そのうえ、ご飯どきには、いつもよんでくださいました。

小林は身ひとつで出て行ったから、荷物は全部もとのままでした。ところが数日後、私が留守した間に、その荷物がなくなったんです。誰が持って行ったのかと、文化村をさがして歩くと、小林の妹と結婚した高見沢さんのところにその荷物が置いてあるではありませんか。それも窓が開いていたから、外からよく見えるんです。私はびっくりすると同時に、腹が立って、一度はそれを全部とりもどしました。

小林はかなりの本を持っていましたが、数冊ごとに運ぶのでなく、本棚ごと持ち帰りました。若かったせいもあるけど、怒ると意外な力が出るもんだと、自分ながらあとでびっくりした次第です。

小林が持ってた本は、フランスの本が多かったようです。あのころポール・ヴァレリーをよく話題にしたり、ベルクソンの哲学がすきでしたから、大部分はそんな系統の本でした。

小林はいつも机に向かって何か原稿を書いていたから、下書きみたいなのはありましたが、まとまったものはありませんでした。「志賀直哉論」はちょうどまとめ終わったところだったけど、残した荷物になかったから、ふところに入れてもって出たんだと思います。あとで妹が、「兄は着物がなくて困ってます。返してやってくれませんか」と頼んできましたので、着物と二重まわしなどは返しましたが、あとの荷物をもって行かれないように、外出もせず守っていたこともありました。まったく大人げないのだけど、小林の荷物をもって行かれると、もう縁が切れてしまう、と心配でした。といって、いつも家にいるわけにいきません。一度外に出はじめると、今度は出てばかりで、音楽会とか芝居見に毎日通いはじめました。

小林が出て行くきっかけになったのは、私が山岸さんの家で遊びすぎて、遅く帰ったからですが、その山岸さんとはそれからのちも、一緒によく音楽会に行きました。それもたびたび行きはじめたものだから、音楽仲間というのかな、多くの知り合いができました。

とくによく行ったのは日響の前身、新響の演奏会です。そこで歌っていたボーカル・フォアの連中とは親しい友だちになりました。そのなかに松平というご婦人が、一人はいっておりました。その連中が次々に新しい人を紹介してくれるから、たちまち顔が広くなりました。

こうなると、小林と一緒のときのようじゃありません。あの頃も、外へ出かけることはよくありましたが、一人で出かけるようなことありませんでした。今度は一人で、どこへでも出かけられるようになったんです。

話が前後するんですけど、私がまだ小林と一緒にいたころ、ちょっとだけど新劇の心座というのに所属したことがあるんです。それは歌舞伎の河原崎長十郎さんが、池谷信三郎、舟橋聖一、村山知義さんたちと組んではじめた新劇団体でした。

今日出海さんは、その心座で演出をやっておりました。そんな関係から、今さんが私を河原崎長十郎さんのところに連れて行ってくれたんです。小林は私が新劇をやるのに反対せず、そんなことでもすれば気がまぎれて、神経衰弱にはよいと思っていたようです。

私は心座で、さっそく役をもらって、毎日本読みに出かけていました。目黒にいたときです。私の役は姉妹三人のうちの末娘の役で、ほかの二人は築地小劇場あたりでも出演していた花柳はるみという人、築地の背景をやっていた伊藤熹朔《きさく》さんの奥さんの伊藤アッ子さんでした。（これは昭和三年四月、築地小劇場での心座第七回公演、シェーンヘル作「子

供達の悲劇」か?　編者)

私の潔癖症は、一人でジーッとしているときは耐えられるけど、人のなかに出ていくとやっぱりダメでした。新劇はやりたかったけど、相手がいると、だんだんわがままになるんです。それで永つづきしないまま、途中で心座をやめてしまいました。

ついでにいうと、心座の第一回公演は大正十四年で、最後は昭和四年秋に、村山知義作「全線」という第十一回公演をやって解散したんだと思います。そのころはもう左翼化して、解散せざるをえなかったようでした。そのあと、河原崎さんは改めて前進座をつくって、封建的な歌舞伎に対抗していきました。

私は潔癖症のため、新劇やることはできませんでしたが、いつも新劇には興味をもっておりました。築地小劇場の最初のころは翻訳劇ばかりでしたが、途中から坪内逍遙の作品をとりあげてみたり、武者小路実篤や小山内薫らの創作劇もとりあげておりました。

(築地小劇場は大正十三年に創立された新劇団の名である。小山内薫、土方与志《ひじかたよし》が主宰し、わが国初の新劇専門劇場として同名の劇場を東京築地に建設した。ところで、その劇場の内部は具体的にどうなっていたのだろうか。たとえば、高見順氏は『昭和文学盛衰史』のなかで、その劇場のことを彷彿《ほうふつ》とさせるように書いておられる。参考として引用しておく。編者)

今日出海はその『芸術放浪』の中で築地小劇場の思い出を語って「あのゴチック・ロマネスクの劇場の入口を見ただけで、当時の青年はブルブルと震えるほど、新鮮で、芸術的な昂奮を覚えたものである」と言っている。（中略）同じように高等学校の生徒であった私は、全く同じような昂奮を覚えたものである。緞帳のマークなど今でもはっきり眼に浮かぶ。それは、いかにも「演劇の実験室」といった感じのその劇場の正面にも、つけてあった。そのアーチ型の入口を入って、階段をのぼって、狭い廊下を横切って、客席に足を踏み入れると、五百人が定員のこの客席は、舞台に向かってひどく（――が、実感だった）傾斜していた。そんな傾斜は日本の劇場で初めてだった。初めてなのはそれだけではなく、プロンプター・ボックスも、クッペル・ホリゾントも、それからフットライトが無くて客席のうしろからスポットの光が舞台にあてられるその照明法も、すべてが初めてずくしだった。

だが、冬は――と言うと唐突のそしりを免れないかもしれないけど、この稿を書いている今は冬なので、それで思い出したのだが、例の銅鑼が鳴って、まん中に葡萄のマークのついた緞帳がゆるやかにあがると、舞台から寒い風が客席の方に流れてきて、思わずブルブルと震えたものだ。

これはまだ小林と一緒にいたころの話ですが、私は武者小路実篤さんと築地小劇場へ行ったことがありました。あのころは武者小路さんの創作劇がよくとりあげられたころだったから、一緒にいるだけで、多くの人を知ることができました。あるときは青山杉作さんがやって来て、武者小路さんと話すんですが、連れの私にもいろいろ話しかけてくださいました。

青山杉作さんは、あのころ演出家として、築地の中心人物でした。築地小劇場分裂後も、いろんなところの演出をし、ずっとあとでは千田是也《せんだこれや》さんたちと俳優座をつくった一人です。あのとき青山さんに、「私ももとは築地志望で、女優になりたくて仕方なかったときもありました」といったんです。そのとき舞台では芝居がはじまっていて、右手の袖《そで》の引っ込みのすぐそばに杉村春子さんが出ていました。青山さんは杉村さんをさして、「あの人はまだ一週間ぐらいしかたたないんですよ」といわれていました。

見ている芝居は翻訳もので、杉村さんはサーバントの役でした。ちょうど子守りをしているところで、あの人は一所懸命子供をゆすりながら子守り歌をうたっていました。そのとき、舞台の下手のほうに東山千栄子さんが出てきました。すると青山さんは、「あの人もここにきてからまだあまり日がたっていないんですよ」といわれました。しばらくして、青山さんは「一週間ぐらいすれば慣れて、できるようになるもんですよ」といわれたのを覚えております。

ところで、私が武者小路さんを知るようになったのは、小林が紹介してくれたからです。

武者小路さんは白樺派の中心で、〝新しい村〟の運動などもされていました。東京ではその〝新しい村〟の会員たちが集まる木曜会というのがありましたが、私は小林に連れて行ってもらって、その木曜会に出席するようになりました。はじめのころは小林と一緒でしたが、小林はだんだん忙しくなって、あとでは、私だけがその会に出ていました。

私が木曜会に行きはじめたころは、大塚からずっと奥のほうへ入ったお座敷のようなところが会場でした。その後、有楽町のほうに移って、もと有楽座のあったところが、木曜会の会場になりました。そこから築地までは近いから、〝新しい村〟の会員の人たちともよく芝居を見に行きました。そんなとき、武者小路さんも築地まで一緒に行ったもんです。

あのころの〝新しい村〟の会員はいつも十五、六人は集まっていましたでしょう。小国英雄さんって、のちにシナリオ書いてたけど、あの人も会員でした。ほかに真杉静枝さんって、いつも武者小路さんと一緒にいた人はよく知っております。その真杉さんが私にこういいました。

「秀ちゃんは？」

「秀ちゃん、いなくなった」

私がこういうと、真杉さんは、

「秀ちゃん、どこへ行ったんだろうね」

と、心配そうにしていましたが、一緒にいた武者小路さんは、「そんなことというもんじゃない」と、真杉さんに注意してました。とにかく、あの方は白樺派だから、私の心持を思ってたしなめられたんでしょう。

私が築地通いをし、芝居にこったころが、考えてみると築地の全盛時代だったかもしれません。私が一番好きな俳優は、山本安英《やすえ》さんでした。のちに「夕鶴」やってからよけい有名になりましたけど、ほかに東山千栄子さん、村瀬幸子さん、立役者の友田恭助さんがおられました。

築地のレパートリは、モスクワの芸術座と同じようなものらしかったから、チェーホフのものは一応やったようでした。公演は「白鳥の歌」「桜の園」「三人姉妹」「犬」「熊」「叔父《おじ》ワーニャ」などでしたが、「かもめ」は演じたことなかったようです。

チェーホフの芝居で、お母さん役はたいてい東山千栄子さんでした。「三人姉妹」では、一番姉の役に山本安英さんがなったのがよかった記憶があります。黒い詰衿のような服を着て、腰に鍵《かぎ》をいっぱいぶらさげて家の中を急ぎ足で歩くところを覚えております。

そのほか印象に残った芝居は、シェークスピアの「真夏の夜の夢」です。あのころ築地小劇場がすごくはやって、新劇ファンが多くなったので、築地じゃ狭すぎるから、帝国劇場で芝居したんです。その第一回目がシェークスピアの芝居だったわけですが、「真夏の夜の夢」とはいいのを選んだなと思いました。友田恭助、その奥さんの田村秋子、村瀬幸子、千田是也、滝沢修と築地の俳優がずらっと出てきました。なかでも、村瀬幸子さんのパックの役が印象的でした。とにかくその恰好《かっこう》がよかったんです。タイツはいて、虎の皮のふんどしつけて、髪は赤毛のカールしたかつらでした。パックの役の村瀬さんは幕間に、ほうきに乗って舞台に出てきました。それは魔法つかいみたいなものでしょう。「ただいまから地球に三秒間で帯を巻いてみせます」って、またほうきに乗ってスーッと身軽に走って、舞台の袖に入りました。

私は行きだしたらしょっちゅう行くから、築地の連中ともなんとなく顔なじみになりました。あの人たちは芝居が終わると廊下に出て、いろんな話するから、私も仲間に加わるようになり、俳優や演出部の人たちと自然に知り合いになりました。滝沢修さんもそんな関係で、顔なじみの一人でした。

滝沢さんはのちに古谷文子さんと結婚しましたが、二人が交際するようになったきっかけは、私が作りました。あのころ古谷さんの家にはいつも入り浸りだったから、文ちゃんは私が滝沢さんと顔なじみなのを知っておりました。文ちゃんはもとから滝沢ファンだったので、いつか紹介してよ、といっておりました。昭和五年に本郷座で、レマルクの「西部戦線異状なし」というのをやりましたが、その芝居に滝沢さんが出ておりましたので、文ちゃんと私はそれを見に行って、そのあとで文ちゃんを滝沢さんに紹介しました。二人はそれから交際しはじめて、結婚することになったんです。

松竹蒲田

夜、うつくしい魂は涕《な》いて、
　――かの女こそ正当《あたりき》なのに――
夜、うつくしい魂は涕いて、
　もう死んだつていいよう……といふのであつた。

湿つた野原の黒い土、短い草の上を
　夜風は吹いて、
死んだつていいよう、死んだつていいよう、と、
　うつくしい魂は涕くのであつた。

夜、み空はたかく、吹く風はこまやかに

——祈るよりほか、わたくしに、すべはなかつた……

（中原中也「妹よ」）


小林と一緒にいた間は甘えてばかりで、私はなにもできない女になってしまっていました。だけど、一人になってしまうと潔癖症のほうもよくなりました。

私は数ヵ月ぶらぶらしておりましたが、そのうち何かしようかと思いはじめたんです。そのことを松本さんにいったら、ご主人のほうが映画のほうはどうか、と仕事を世話してくださいました。

松本泰さんは『三田文学』の関係で、邦枝完二さんをよくご存じのようでした。あのころ邦枝さんっていえば、『朝日新聞』や『読売新聞』にも小説を書いている、いわゆる流行作家でした。その邦枝さんにも、松本さんは私の仕事のことを頼んでくださったらしいです。それで松竹映画はどうだろう、ということになりました。

松竹の撮影所はいま大船にありますが（二〇〇〇年に閉鎖。編者）、以前は蒲田《かまた》にありました。その撮影所へ、邦枝さんと松本さんが私を連れて行ってくれました。そのころ蒲田の撮影所長は城戸四郎さんで邦枝さんは彼をよく知っておられたようで、私を女優として使ってくれと頼んでくださいました。それですぐ松竹に入れることになったんです。

私は東中野から蒲田の撮影所まで、毎日通いましたが、京都のマキノにいたことがあるから、撮影所の雰囲気はだいたいわかっておりました。マキノと違っていたことといえば、松竹のほうが新しいものがあるようでした。マキノは阪東妻三郎主演が主で、俳優も旧派の人が多かったようです。

マキノのときはただの大部屋女優で入ったから、これという役がまわってきませんでした。今度は邦枝さんの紹介だったから、すぐ役がつきました。映画は「山彦」というので、監督は田中絹代の旦那《だんな》さんで清水宏という人でした。

その映画は新人ばっかりでつくりました。私がそこに入ったときは、主演は決まったあとで、すでに撮影をはじめておりました。私の役はそんなに重要な役じゃなかったけど、とにかくデビューすることになったので、清水さんはさっそく芸名をつけてくれました。陸礼子《くがれいこ》という名前です。その名の由来は、ちょうど天皇の即位礼（昭和三年十一月十日）があったとき入ってきたから、陸礼子というのがいいだろう、と清水さんの意見で決まったのです。

映画「山彦」での私は、パーティーの夜、別室の応接間で、男から手切れ金もらって、ニヤッと笑うような女を演じました。その場面で、清水さんはいろいろジェスチァーを教えてくれるんですけど、私はいわれたとおりに動けません。男から手切れ金をうけとるときのしぐさが、どうもうまくいかないんです。

清水さんは叱りもしないで根気よく、「歩きながらいろいろ考えるふうに、腕組みして……」とか、「じゃあソファへ腰かけて、お金もらってニヤッと笑えばいいよ」と、私に演技をつけてくれました。

そのとき着て出たイブニングドレスは松本の奥さんがこしらえてくださったんです。そのころ短いのが流行《はや》って、ひざ小僧が出るぐらいのを着て、私は踊りもしました。そのダンス・パーティーの場面では、有名だった山内光さんなども出演していました。

私の二回目の出演はやっぱり端役でした。私は髪を長くのばすのがいやなので、断髪にしていました。潔癖症だったせいもあって、洋服なども袖《そで》だとか裾《すそ》は短くしておりました。そうでないと、階段の上り下りに裾をひきずるし、袖が長いと、どうしてもどこかに触れることも多くなります。それがいやで、なんでも短くしておりましたから、いつも断髪でとおしました。けど、女優というのはそれではだめなんです。そのころは今のようないいかつらがなかった時だから、あまりいい役にはつけませんでした。

マキノ・プロでもそうだったけど、ここでも役のないときは大部屋でみんな一緒におりました。化粧台を中心にして、古い順に決まった席があり、そこに腰かけて待つんですが、面白くないんです。私はその大部屋にいないで、美術部とか写真部のほうにばっかり行っておりました。

そこは女優の大部屋とは違った雰囲気がありました。いろいろな人が出入りしていて、拳闘《けんとう》家の佐藤東洋さんとか、画家の山崎坤象さん、カメラマンの堀野正雄さんたちを知るようになりました。

佐藤さんは拳闘の試合をするときに、松竹蒲田の女優をいっぱい狩り出して、それをおとりに客あつめをしたんでしょう。私も頼まれて行ったもんですが、髪を短く刈りあげていたので、彼は私のことを中性だといっていました。佐藤さんは親切な人だったから、松竹蒲田のころは一番よくつき合いましたけど、戦争中八高線の転覆事故に遭い亡くなられました。

山崎坤象さんは山崎朝雲という木彫家の息子さんでした。撮影所ではじめて会ったとき、名刺を出されて「モデルになってください」と頼まれました。松竹をやめたのち、しばらくモデルで行ったことあります。田端の大きな屋敷に住んでおられましたけど、戦後はちっとも名前聞かなくなったから戦死されたんでしょうか。そのほか山崎さんと一緒に美校出たあのグループは、小野佐世男、河野鷹思、みんな死なれたようです。小野という人は『大阪パック』という新聞に、うまいさし絵描いていたけど、四十八歳で病死されました。

堀野さんは松竹の専属カメラマンでしたが、しばらくすると、自分で前衛映画とりたいからとフリーになりました。堀野さんの仲間に村山知義さんがおりました。村山さんが監督で、新しい映画をつくろうとしていたんです。ほかに俳優の山内光さん、画家の阿部金剛さんたちがグループでした。

あの人たちは新宿の下落合に住んでいて、家も隣り同士というふうでした。これは余談だけど、あのころの世の中はモダンばやりで、恋愛もおおっぴらでした。阿部さんと一緒に住んでた女の人は、山内さんと結婚して、ロシアへ新婚旅行したりしました、その阿部金剛さんの奥さんは三宅艶子さんで、一度は別れていたけど、また一緒になられました。私はそのグループとも近づきになって松竹の蒲田のほうへは自然と行かなくなりました。

谷戸の松本さんの家は、私が松竹をやめる前に出て、山岸さんのところに移っておりました。だけど、松本さん夫妻にはほんとうにお世話になりました。松竹の女優になったからといって、そんなにお給金をもらうわけではありませんから、生活は松本さんに助けてもらっていました。出演のときの衣装を作ってもらったり、普通に着て行く洋服なども、松本恵子夫人に作ってもらったのです。

山岸さんは新潟県高田の出身で、家はもと造り酒屋ということでした。お父さんはそのころ県会議員をしていて、田舎じゃ名門だったんでしょう。子供たち四人はお手伝いさんつきで、東京に住んでおりました。

山岸さんは小林と同じ年だったから、そのときは早稲田の理工科出て、どこかの建築事務所に勤めていました。あとは国立音楽学校に通っている妹さん、中学生の弟さん、女学校に行ってる妹さん、それにお手伝いさんの五人で住んでいました。

あるとき、山岸さんに「私もここへきて住んでいい」といいました。山岸さんはしぶしぶだったけど「まあ、いいよ」といってくれましたので、私は東中野の谷戸から、中野へ移って行ったんです。

私は金に無頓着《むとんちゃく》なほうですが、山岸さんが借りてた家の家賃は知っていました。どうして知ったのか、家賃は八十円でした。そのころとしては、かなり高額の家賃だったので、池のある庭などもついている二階建ての家でした。山岸さんの妹さんたちが二階に住んでいたので、私も二階に居候させてもらったんです。

私は山岸さんのところから、しばらく蒲田のほうに通いました。だけど、役もつかなくて、あんまりおもしろくなくなっておりましたから、堀野さんたちがいる下落合のほうに遊びに行くようになったんです。

堀野さんから『谷間のゆり』借りて読んだとき、「おもしろくって便所にも立てないの」と私がいうと、みんな笑っていました。そのほかドストエフスキーの『白痴』読んだり、左翼系だったあの人たちから、そのほうの思想の話なども聞きました。

あのころ、私は堀野さんによく写真とってもらっていました。その何枚かが、『婦人画報』にグラビアで載ったことがあります。そのうちの一枚は堀野さんの家で、堀野さんのナイトガウンを着て写したもので、その写真の背景になっているのは、村山知義さんが描いた絵でした。あのころ村山さんは表現派の絵を描いていましたから。

ところで、中原は私が山岸さんのところへ移っていくと、そこにもよく来るようになりましたので、中原はすぐ山岸さんとも友だちになりました。

山岸さんはそのころフランスへ行くために、語学の勉強をしはじめておりました。私はとっくに忘れていたけど、山岸さんのいうには、「フランス語をはじめて教えてくれたのは佐規ちゃんだよ」といつかいっていました。まだあのころは小林佐規子にしていましたから、そう呼ばれておりましたが、その私がフランス語を教えたというんです。

そんなとき、中原は山岸さんの家にやってきて、今度は中原が山岸さんにフランス語を教えはじめたんですが、中原の教えたフランス語は、古典の発音だったということです。山岸さんはのちにフランスに行ったとき、「それはラシーヌのころのフランス語だよ」と笑われたそうです。そのうえ、中原はわざと鼻にかけて発音するんです。たとえばフランスというのをフローンス、フローンスというように、えらく鼻声で発音しますから、聞いてると芝居かなんかでいうせりふのようになるのです。中原のフランス語の発音は一種独特でした。

あのころ、中原にどれほどのフランス語の実力があったか、私は知りませんが、まだ本式にフランス語をやっていませんでした。その後、外語などに行って勉強したんだと思います。だから、まだまだいいかげんなところがあったはずです。だけど山岸さんも文学すきだったから、中原とつき合うためにフランス語を教わっていたんでしょう。

山岸さんの家では、さんざん音楽を聞きました。ベートーベンやシューベルト、中原のいうベトちゃんシュバちゃんですね。手巻の蓄音器があったから、私がレコードをかける役で、みんなで聞きました。

(「中原のいうベトちゃんシュバちゃん」というのは、最初『歴程』〈昭和十一年三月〉に発表した「お道化うた」のことをさす。詩作の年代はすこしおくれるが、参考にその詩をあげておく。編者)

月の光のそのことを、
盲目少女《めくらむすめ》に教へたは、
ベートーヹンか、シューバート?
俺の記憶の錯覚が、
今夜とちれてゐるけれど、
ベトちやんだとは思ふけど、
シュバちやんではなかつたらうか?

霧の降つたる秋の夜に、
庭・石段に腰掛けて、
月の光を浴びながら、
二人、黙つてゐたけれど、

やがてピアノの部屋に入り、
泣かんばかりに弾き出した、
あれは、シュバちやんではなかつたらうか？

かすむ街の灯とほに見て、
ウキンの市《まち》の郊外に、
星も降るよなその夜さ一と夜、
蟲《(むし)》、草叢《(くさむら)》にすだく頃、
教師の息子の十三番目、
頸の短いあの男、
盲目《めくら》少女《むすめ》の手をとるやうに、
ピアノの上に勢ひ込んだ、
汗の出さうなその額、
安物くさいその眼鏡、
丸い背中もいぢらしく
吐き出すやうに弾いたのは、
あれは、シュバちやんではなかつたらうか？

シュバちゃんかベトちゃんか、
そんなこと、いざ知らね、
今宵星降る東京の夜《よる》、
ビールのコップを傾けて、
月の光を見てあれば、
ベトちゃんもシュバちゃんも、はやとほに死に、
はやとほに死んだことさへ、
誰知らうことわりもない……

私は小林と別れたのち、劇団のほうへ行ってみたり、歌のほうへ行ってみたり、映画の仕事したりしましたけど、いずれもどってくるのは文学でした。私にはいつでもそうなんですが、ときにはあっちへ行ってみたり、また思いついて別な方面に頭つっこんでみて、結局もどってくるところは文学の世界でした。そういう意味で、そこが私の心のふるさとのような気がします。

小林がいなくなってからは、中原がよく私の世話をやいてくれました。ときにはそれをわずらわしく感じました。それにしても中原と別れてからも親しくつき合ったのは、そこ

になにかの源泉があったからだと思います。私が文学の連中と親しくしたのは、動物の習性みたいなもので、帰巣本能がはたらいたのだといえるかもしれません。

思想の里

II

彼女の心は真つ直《すぐ》い！
彼女は荒々しく育ち、
たよりもなく、心を汲んでも
もらへない、乱雑な中に
生きてきたが、彼女の心は
私のより真つ直いそしてぐらつかない。

彼女は美しい。わいだめもない世の渦の中に
彼女は賢くつつましく生きてゐる。

あまりにわいだめもない世の渦のために、
折に心が弱り、弱々しく躁《さわ》ぎはするが、
而《しか》もなほ、最後の品位をなくしはしない
彼女は美しい、そして賢い！

嘗《かつ》て彼女の魂が、どんなにやさしい心をもとめてゐたかは！
しかしいまではもう諦めてしまつてさへゐる。
我利々々で、幼稚な、獣《けもの》や子供にしか、
彼女は出遇《であ》はなかつた。おまけに彼女はそれと識《し》らずに、
唯、人といふ人が、みんなやくざなんだと思つてゐる。
そして少しはいぢけてゐる。彼女は可哀想だ！

（中原中也「無題」より）

中原は私の行くところ、たいていどこにでも現れて、いってみれば保護者みたいな存在でしたが、帰ってこいと口に出してはいいません。そんなことというといやがられる、とわかっていたから、なにかと世話をやくだけでした。

私が潔癖症になったのは、ある意味では小林のせいもあった、と中原は思っていたよう

です。自分のところに帰っておりゃあ、潔癖症にはならなかったんだ、といったことがありました。私のことをよく理解しているのは自分のほうだ、と中原は思っていたのでしょう。

私が中原のところへ帰るといえば、彼はよろこんでくれたかもしれません、だけど、人間の心理はそうはいかないもんです。〝恋は野の鳥、わがままものよ、追っかけりゃあ逃げる……〟っていう唄がカルメンにあったと思うけど、それなんです。とうとう中原のところには帰りませんでした。

もちろん中原とはよく一緒に出歩くことはありました。音楽の連中でつくっていた「スルヤ」という団体がありましたが、その集まりにも中原に連れて行ってもらいました。長井維理《ういり》という人が中心のようで、そこの家にも行ったことあります。そのとき、「スルヤ」の人たちが小音楽会というのかな、室内楽というようなのをやっておりました。

長井さんは中原の「朝の歌」などうたわれた方です。すごくもの静かな紳士でした。街へ出て一緒に酒飲んだりしたこともあり、親しくしておりました。よくNHKなどでもうたっておられて、そのラジオ放送なども聞いたことありました。

「スルヤ」には諸井三郎さん、内海誓一郎さんたちがおられました。二人とも中原の詩を作曲しておられます。私は日本青年館であった「スルヤ」の演奏会で、二人の作曲した中原の歌を聞いたことがあります。（昭和三年五月と昭和五年五月「スルヤ」の演奏会で中原

の詩が発表された。編者）

　そのほか「スルヤ」の同人は小林秀雄、今日出海、河上徹太郎、関口隆克さんたちです。関口さんとは諸井さんの家で、紹介されたように思います。あのとき、中原は中野に下宿しており、諸井さんもその近くに住んでおられました。その後まもなく、中原は関口さんと一緒に下高井戸のほうで住んだんじゃないでしょうか。私は表で中原に会うことはあったけど、下高井戸あたりに行ったことはありません。

　ふりかえってみて、私はいろいろな人々とつき合ってきましたが、そのうちでも深いまじわりはなんといっても文学の連中だったと思います。小林が去ったあと、大岡昇平さんにはいろいろ心配していただきました。小林がいたときから大岡さんは後見人の役で、私を「中村屋」あたりによく連れて行ってくれました。そんなことから、引きつづいて私のことを気にかけて下さったんだと思います。

　河上徹太郎さんが大岡さんの前の見守り役だったということは、すでにお話したと思います。まあ潔癖症のとき、私はまるで子供のようになるものだから、誰か付き人が必要だったわけです。だけど、小林がいなくなったあとは、あんまり潔癖症に悩むことはありませんでした。

　ひところ河上さんと大岡さん、それに私の三人一緒でよく酒飲みに行ったことがありました。どうしてあんなに頻繁に行ったかと思うんですが、昼間よく日本橋の、高島屋の横をちょっと入ったところにある小料理屋に行きました。いまその店はありませんけど、そこには〝銀釜〟というちょっと甘口の日本酒があって、すごくおいしかったのを覚えています。

大岡さんはそのころ成城高校の学生でした。同級生には古谷綱武さん、富永次郎さんがいました。私はよく大岡さんについて歩いていたから、その二人とも自然に親しくなりました。

私は東中野にあった古谷さんの家には、気楽によく行きました。古谷さんのお父さんはアルゼンチン公使で、むこうに行っていたのです。お母さんは日本で暮らしていたけど、なにか事情があって、子供たちと一緒に住んでおられませんでした。古谷綱武さんが一番上で、弟の綱正さん、その下にとしちゃんという弟、そして後に滝沢修さんと結婚した文ちゃんの兄弟四人で住んでおりました。

古谷さんの家に遊びに行ったのは、私だけじゃなく、古谷さんのお友だちも、学校帰りによくそこに遊びに寄っておりました。そこに行くと、いつでも四、五人はゴロゴロしているといった状態でした。富永次郎さんもやっぱりそこに遊びに来ていて、ときどき顔を会わしておりました。

富永太郎さんはよく知っておりましたが、次郎さんも無口でおとなしい方でした。いつかは大岡さんに連れられて、小金井の富永さんの家にも遊びに行きました。そこは、大岡さんが戦後に書かれた小説『武蔵野夫人』の舞台となるわけですね。なんでも遠いところまで来たんだなという感じでした。原っぱのなかに家が一軒建っていて、見渡す限りの野原だったと覚えております。

あのころ大岡さん、古谷さん、富永さん、そして安原喜弘さんたちは成城高校の同級生で、いわばひとつの文学仲間だったんでしょう。それを指導したのが、成城高校で先生をしていた村井康男という人で、また村井さんは河上さんと大学のときの友だちでした。ここにもひとつの文学グループのようなものがあったんでしょうが、そこに中原が入って、それらの仲間を集めて、「白痴群」（昭和四年四月創刊）という同人誌をつくりました。同人は河上さん、中原、成城のグループ五人、内海誓一郎さん、阿部六郎さんの九人でした。小林はまだ奈良にいましたが、その「白痴群」のことを伝え聞いて、「利巧なもんばかりが寄ってるのにどうして「白痴群」というの？　おもしろいね」といっておったらしいんです。河上さんがそういっておられました。その同人誌はこれといった評判にはならなかったんじゃないでしょうか。外に出したことは出したらしいけど、ページ数も少ないし、パラパラっと開けてみて、捨てられたのが多いでしょう。

私は「白痴群」の人たち、みんな知ってたけど、もちろん仲間の一人にかぞえられるようなことありません。いまでいえば、私はヒッピーで、あの人たちは本格派です。だけど、中原が私にも詩を書けとすすめてくれて、つい書いたのが「白痴群」に載っております。

もうその詩のことは忘れていましたが、近代文学館で覆刻したその雑誌を最近もらいました。なつかしくて読んでみると、私のはなんでも号令かけてるみたいな詩で、おかしいんですね。照れくさくって、固くなって読みました。私は詩などつくるときは、ますます感覚的なほうにばっかり走ったんだな、とあのころのことを思いました。

（中原中也は文学的にまったく純粋に生きた人であった。それだけ他人にも厳しかった。その中原が長谷川泰子さんの詩作をどうみていたか。そのことにふれた泰子さん宛の中原の手紙の一節を、参考のためここに引用しておく。編者）

　それにしても、詩人の素質を立派にもつたあんたが、そのことを自識してゐず、自分は或る方面から非常に善い存在だがなあと薄々分りながら、その存在を発揮することが出来ず、今はや随分消極的な気持になつてゐることは、惜しむべきです。――尤もそれでも、あんたの無意識は立派で、僕が悄気《しょげ》てゐる時にも、あんたが一番純粋な根のある眼で眺めてゐました。

　僕は物が暗誦的に分らないので、全然分らないので、自分が流れると何もかも分らなくなるのです。けれども、僕は分らなくなつて悄気た時、悄気ます。人のやうに虚勢を張れません。そこで僕は底の底まで落ちて、神を摑むのです。

　そして世間といふものは、悄気た人を避ける性質のものです。然るに芸術の士であるといふことは、虚偽が出来ないといふことではないか！

そしてあんたは虚偽では決してないが、恐ろしく虚偽ではないが、自分を流してしまひます。そしてあんたの真実を、嘗ては実現しませんでした。

が、どうぞ、沈黙で、意志に富み、（外物を）描写しようといつた気分からお逃れなさい。そしてどうぞあんたのその素質を実現なさい。

打つも果てるも火花の命。

千九百二十九年六月三日

あんたに感謝する
中原中也

佐規子様

私は詩を「白痴群」に載せてもらったけど、誌代などといってお金払ったことありません。同人費は五円だったから、わりと高かったと思います。それを始めのうちはみんな払っていたようですが、あとでは払えなくなった人もいたようです。河上さんが一番年上で、それにお金あると思っていたから、だんだん河上さんを当てにしてたようです。五、六号まで出して終わったと思います。

「白痴群」が創刊され、しばらくたってから、私は山岸さんの家から、東中野に引っ越しました。山岸さんがフランスへ勉強に行くことになったので、そこに居候しておれなくなったんです。どこへ引っ越してもよかったんだけど、あのころは古谷さんと親しくしておりましたからその近所がよいと、東中野に移ったわけです。

前にもちょっと話しましたが、古谷さんの家には文学ずきな人々がいつも集まってきており、私も近くに移ってからは、もう古谷さんの家へ毎晩出かけて、そこで食事も食べ、風呂《ふろ》に入って帰るというようになってしまいました。そんなにするの私だけじゃないから、古谷さんもあとのほうでは、困ったらしいんです。古谷さんはとうとう、「毎日ご飯たべる者は、十円出しておけ」なんていいはじめました。あのころだって、月十円で食事代はまかなえなかったけど、そこはおおらかなんですね。しばらくは私も十円払っていたけど、いつの間にかだんだん払わなくなっていきました。

なんといっても、あのころはいい世の中で、なにも仕事しないで、なんとか生きていけました。山岸さんはフランスに行くとき、シャバンヌなどの絵を数枚おいて行かれました。困ったら、それを売れば金になるからといって、私にくださったんです。私はそれをある画商にあずけて売ってもらおうとしましたが、どうも本ものかどうかわからないというんです。作家の小川未明さんならそれが鑑定できるというんで、小川さんにも見てもらったようですが、はっきりわかりませんでした。画商はそんなことといって、その絵をあずかったまま返しませんでした。のちには月賦みたいにして、すこしずつお金くれましたが、それが唯一の定期収入でした。お金が入ってくるような仕事はしておりませんでしたので、私は東中野に、一人で住むようになってからは、ますますいろんな人とつき合うようになりました。とくに「白痴群」が出てからは、その仲間の人たちとよくつき合いました。

私は別に文学やったわけじゃないけど、文学のほうの人たちとは深いつき合いをしてきました。ときどき、なぜだったんだろうと考えます。私は家出して都会へ出てきて、それっきり国に帰ったことはありません。いや、私には帰るところがなかったのです。これはやっぱり淋《さび》しいことで、帰って行くべきふるさとのようなものがほしいと思うときはありました。

私は中原と一緒に住み、小林と同棲《どうせい》もしました。そののちも、男の人たちとのつき合いは多くありました。そんなふうにいうと、たいていの人に誤解されるんだけど、私は男と女としてというか、そういうもの抜きにしたつき合いでした。少なくとも、そう望んでおりました。

人間を懐かしむって気持は、誰にでもあるんじゃないでしょうか。それをふつうは日常ごとで、みんなさらっと流して生活しているようだけど、文学やる人はそうじゃない場合が多いんです。もっと深く考えるわけです。それが思想というもんじゃないでしょうか。

文学のグループというのは、そんな思想を育ててきた人たちの集まりでしょう。そして、グループのなかでさらに育っていく思想もあると思うのです。いってみれば文学グループというのは思想の里になるわけなのです。私は現実に帰る故郷というのがなかったから、思想の里が私の心の故郷となっていたのです。

私はどうも世間的な人とは、なかなか考えが合わないのです。合わすべきかもしれないけど、やっぱりそれもできないから、自然と思想の里を形成している文学グループに入って行ったんだと思います。私は文学グループとなら、間を置かないでつき合うことができました。それで、世間的には誤解されたこともいろいろありました。

文学やる連中とつき合っていると、いろんなことありました。いつだったかな、中原は酔っぱらって、渋谷で軒燈をこわし、留置所に入れられたことがありました。村井さんと阿部さんも一緒に留置所に入れられたと思います。あのころ、私は「白痴群」の連中といつも一緒だったから、中原たちが帰ってこないって心配したもんです。二週間くらい入れられていたんでしょう。なにも調べられないで、ほったらかされていたらしいのですね。中原は帰って来て、そのことでしきりに腹を立てていました。

私が中原と一緒に京都に旅行したのは、そのあとだったと思います。大岡さんたちが成城を卒業して京大に入り、京都に移っておられましたから、行ってみようということになったのです。私はあのころ大岡さんとよくつき合っていたので、自然その下宿に泊めてもらいました。そのときは中原は一緒じゃなかったから、富永次郎さんの下宿に泊まったんでしょう。中原は私が大岡さんの下宿に泊まったことを快く思っていなかったらしく、大岡さんに怒っていたようだってこと聞きました。だけど、私は誰ともみんな同じように、つき合っていきました。それはいまも変わらない、私の生き方なのです。

溜り場

時こそ今は花は香炉に打薫じ
ボードレール

時こそ今は花は香炉に打薫じ、
そこはかとないけはひです。
しほだる花や水の音や、
家路をいそぐ人々や。

いかに泰子、いまこそは
しづかに一緒に、をりませう。
遠くの空を、飛ぶ鳥も

いたいけな情け、みちてます。

いかに泰子、いまこそは
暮るる籬《まがき》や群青《ぐんじやう》の
空もしづかに流るころ。

いかに泰子、いまこそは
おまへの髪毛《かみげ》なよぶころ
花は香炉に打薫じ、

（中原中也「時こそ今は……」）

東中野での、一人の生活はまったく気ままなものでした。朝起きると、たいていふらりと外出したものです。電車で新宿に出て、駅の近くの喫茶店「中村屋」で、トーストとか、支那《しな》まんじゅうで腹ごしらえしました。

あのころ、「中村屋」には河上さんや大岡さんや古谷さんがしょっちゅう来ていました。私はお金持たないときでも、誰かは顔見知りがいたから、そこにまず寄っておりました。誰も来なくって、水だけ飲んで帰ったこともありましたが。

ある日、私が一人で「中村屋」に入って行くと、小林が来ていました。それまで奈良に逃げておりましたが、やっと帰って来たのです。そのとき小林は河上さんと一緒でしたが、私を見てなんともいえない顔をしていました。私もびっくりしてしまって、話らしい話はしませんでした。

その後、小林とはときどき出会うことありました。四ツ谷のレストランで三木清さん、谷川徹三さん、古谷綱武さんたちと一緒のときにも、小林に会いました。三木さんとはそのとき一回きりでしたが、谷川さんとはその後もよく会いました。

谷川さんは古谷さんに紹介してもらったのですが、あのころ谷川さんと小林は親しくしていたようです。私が谷川さんに、小林のところに帰りたいなどというと、ぼくが間を取り持ってあげよう、と谷川さんはいってくれました。

谷川さんの家に小林が来るという日、私にもいらっしゃい、と谷川さんがいわれましたので、谷川さんの家に行って小林を待ちました。だけど、そのとき小林はついに来ませんでした。私が来ているのを知って逃げだしたのかもしれません。

できることなら小林との間をもとにもどしたいと望んでおりましたので、手紙を書いたこともありました。するとその返事に、中原がまだ君を思っているから、もとのような生活にはもどれない、とありました。それでもあきらめないで、私は手紙を書きました。すると、また例の潔癖症が手紙のなかにも出ているというわけです。

私は小林が相手だと甘えてしまうのか、どうもおかしくなるので、小林は私の前からいなくなって、決断をつけてくれたのでした。いまから思うと、それが一番よかったんだと思っております。私の神経の病気は治りゃしないのだから、またよりをもどしたら彼を苦しめるに決まっていました。

小林に未練はあったけど、小林を執拗《しつよう》に追っかけるなんてことしませんでした。銀座のコロンバンでも、偶然小林に会いました。そのとき、小林はもうコーヒーを飲んで出てくるところでした。えらくニコニコして、おれの講演が受けたよ、といっておりました。あれはけじめて読売新聞社の講演会に出たときだったと思います。私は「ふうん」「ふうん」といって聞いたけど、胸にせまっちゃってほかにはなにもいえませんでした。あのとき、「もどって、もう一杯コーヒー飲もう」といえたらよかったんだけど、なにもいえなかったのです。

私はコロンバンに入って行きました。小林は反対にコロンバンを出て行きました。私たちはもう違うところへずっと行ってるな、と私は思いました。以前の甘え切った世界とは違う感じでした。他人のようになってしまって、いいたいことがいえない感じで、すごく悲しかったのを覚えております。

古谷さんは顔が広くて、あの人にはいろんなところに連れて行ってもらいました。私が変わってて珍しい、とみんなに紹介してくださったのです。彫刻家の高田博厚さんに、私を紹介したのも古谷さんでした。その後、荻窪《おぎくぼ》にあった高田さんのアトリエに、よく遊びに行くようになりました。

私は高田さんにブロンズの首をつくってもらうことになり、そのアトリエに毎日通っていたときがありました。そのころ中原も高田さんと仲良くなり、そのアトリエに出入りするようになりました。

中原と私が会えば、たいてい口論しておりました。彼はいつでも亭主気取りで、いちいち私に指図します。それが癇《かん》にさわり、取っ組みあいの喧嘩《けんか》もしました。私は中原を組み敷いたこともありました。私のほうが強いというと、中原はニヤニヤ笑っておりました。

はじめ造ってもらっていた私の首は、粘土だけで中断しましたが、その後、高田さんは中原のブロンズの首にとりかかり、それは完成されました。

高田さんのところで、私たちはよくお酒飲みました。貧乏だ、貧乏だ、と高田さんはいっておられたけど、飲むのだけはやめられなかったようです。そんなとき、奥さんがカニと野菜のサラダを出されたのを覚えております。

（高田博厚作の中原中也像は有名である。そのブロンズ像制作のころの様子を泰子さんが語ったわけだが、高田博厚氏もその著『人間の風景』のなかで、そのころのことを書いておられるので、ここに参考のため引用しておく。編者）

中原と泰子さんの関係も、両方からきくともなしにきいた。それで私が中に入ってなんとかするというようなものではなく、私はただ、眺めているだけだった。中原は以前のように彼女との生活をしたいらしい。しかし、「あいつに会うのは嫌だ」と泰子さんは云っていた。「会うのが嫌なら、ここへ来なけりゃあいいじゃないか。」中原が毎日アトリエへ来るのは、そこで彼女に行き会えると思ってかもしれない。またよく落ち合った。そうして私の前でけんかした。取組み合いも数回やった。広いアトリエだから活躍できるが、彫刻台が十台も列んでいる。「とっくみ合うのは勝手だが、俺の彫刻をぶっこわすなよ。用心してけんかしてくれ！」中原は小さくやせていたから、いつも彼女に負けて、ふーふー息をついていた。けれどもこんなにけんかした時は、かならず二人は一しょに帰ったから面白い。たぶん私が二人を同時に帰したのだろう。次の日来た時は双方ともけろりとしていた。

けれどもある日中原は分厚い綴じた原稿を持ってきた。「これは誰にも見せない、あいつにも見せないんだけど、僕が死んだら、あいつに読ませたいんです。高田さんには見てほしいんだ。」全部愛の詩であった。私は読みながら涙がにじみ出たのをおぼえている。

私は一時、浅草によく行きました。川端康成さんが『浅草紅団』というのを書いて、カジノ・フォウリイなどが全盛になったことがあります。私は直接のつき合いなかったけど、川端さんをよく見かけました。永井荷風さんを見かけたこともありました。あの人は踊り子の梅園竜子さんをごひいきにしていましたね。彼女は色気を感じさせない、すきっとした人でした。

浅草のつぎに流行したのは、新宿のムーランルージュでした。東中野からはすぐだから、そこにしょっちゅう行きました。そこの編集部で脚本を書いていた人に吉行エイスケさんがおられました。その他モダンといわれる人々がそこに詰めていたようです。私はその連中たちとも顔見知りだったから、ムーランルージュには黙って入れたのです。新宿の武蔵野館なんかもやっぱり顔パスでした。

昼間はあちこち出歩いて、夜になって東中野に帰ってくる毎日でした。東中野のプラットホームはかなり長かったけど、その新宿寄りのところに「ゆうかり」という酒場、中野寄りに「暫《しばらく》」という酒場がありました。私はたいていそのどちらかに顔を出して帰りました。

あのころの東中野というのは、いろんな意味でおもしろいところでした。これまで、酒場や喫茶店は銀座とか新宿のものだと考えられていましたが、それが郊外の発展で作家とか芸能人たちが東中野に集まって来たので新しい店がいろいろできたのです。

「ゆうかり」というのは、駅の南口三十メートルくらい行ったところにありました。そこはわりときちんとした酒場で、常連はまず林房雄さんだったでしょう。一方の「暫」は狭くてごちゃごちゃした酒場でした。そこは築地の連中が多かったみたいですが、もちろん「ゆうかり」と「暫」のお客は、行ったり来たりで、どちらにも行く客が多かったようでした。

そこに私が行きはじめたのも、はじめは古谷綱武さんが連れて行ってくれたからでした。谷川徹三さんも「ゆうかり」あたりには来られてました。吉行エイスケさんも「ゆうかり」の常連組で、彼が来るとモダンの連中もそこにやってきておりました。

林が左翼系で吉行がモダン派、そんなのがごっちゃになって、「ゆうかり」は毎晩にぎやかでした。私たちはよっちゃんって呼んでたけど、相原よし子っていう人が近代的な社交家で店をやっていましたから、話題はますますおもしろくなって、ワイワイやるんですね。

あのころ女性の解放運動がはやりました。その前の平塚雷鳥は、思想だけだったけど、今度は行動になったのです。その現れのひとつが女性も酒場に酒飲みに行くようになっていました。私は忘れていたけど、「ゆうかり」で城しづか（夏子）さんと一緒にとった写真があるらしいんです。城さんたちが書いていた『女人芸術』とか『火の鳥』という女性だけの文芸雑誌もありましたが、『火の鳥』には私も詩を載せたことがあり、女性の文学熱もなかなか盛んでした。

『火の鳥』からは村岡花子、小山いと子、小糸のぶさんたちが出ています。あのころは古谷文子さんも同人で、私の詩を載せたのは文ちゃんなんです。それから山川柳子という人も『火の鳥』の同人でおられました。その山川さんの息子に山川幸世という人がいましたが、私はその男の子供を産むことになりました。その話はあとでしますが……。

東中野では「ゆうかり」と「暫」のほかに林房雄さんに連れられて、いろんなとこへも飲みに行きました。林さんは酔うとそこらあたり、つばをめちゃくちゃに吐くくせがあり、また誰かれなしにつかまえてキスしたものです。

私一人で東中野の駅前にあったおでん屋で、酒を飲むこともありました。そこには三好達治さんがいつも来ておりました。そこではことばで渡り合うというのかな、感覚万歳のようなことを、三好さんとよくやりました。あのころ、すごく感覚が鋭くなっていて、やりこめられたりしなかったから、なかなか話がおわらず、三好さんの家のすぐそばまで話しつづけて歩いて行ったこともあります。

中原たちのグループは本格派なんですね。「暫」なんかは、左翼劇場の連中が多かったから、あまり来ないわけです。あのころの風潮としても、だんだん左翼化していった時期だけど、中原は変わらなかった、ほんとに変わらなかったのは中原ぐらいでした。いつでも正統でいくから、今度は周囲の人間が逃げ出してしまいました。友だちがだんだんすくなくなっていった時期だったと思います。

中原と私は相変わらずで、喧嘩ばかりしておりました。中原は西荻から東中野へ一番電車でやってきて、二階に間借りしている私を道路からオーイと呼んで、起こすこともありました。私が顔を出すと、夢見が悪かったから気になって来てみたのだが、元気ならいい、などといったこともありました。そんな中原をうっとうしいと思い、私はピシャリと窓を閉めたこともありました。だけど、私の態度も中原に対して煮え切らない面があって、喧嘩しながらも決して中原から離れて行こうなどと考えたことありません。中原の文学は私の思想の郷里だから、どうしても去りがたい気持がありました。

Ⅳ　かくは悲しく生きん世に

III

かくは悲しく生きん世に、なが心
かたくなにしてあらしめな。
われはわが、したしさにはあらんとねがへば
なが心、かたくなにしてあらしめな。

かたくなにしてあるときは、心に眼《まなこ》
魂に、言葉のはたらきあとを絶つ
なごやかにしてあらんとき、人みなは生《あ》れしながらの
うまし夢、またそがことはり分ち得ん。

（中原中也「無題」より）

子供

夏の夜は黒い土が身にしたしいのです。
人々の肌と呼吸から製された夜気が流れます。
皮膚と、心臓が、合して、
人様が美しい白い虫になり、
それぞれ物がたりが好きになります。
だから、とても、燥《はしや》ぎたいのですが。
笑ひが途中で止まつて、その続きが本格の千鳥足になります。
なんと、悧巧な世界ではありませんか。

（小林佐規子「悧巧な世界」）

私が山川幸世と知り合ったのは、東中野の「暫」です。彼はそのころ同志社を出て、築地小劇場で演出の仕事をしておりましたが、酔うと同志社の歌などをうたうのです。誰かがもう一回うたってよ、といえば、すなおにまた歌をうたうような人でした。人柄はよさそうだと思って、「暫」では、隣り同士の椅子に坐《すわ》って一緒に酒をのむ程度のつき合いで、別に深いつき合いはありませんでした。

ある晩、「暫」で飲んでいると山川は電車がなくなったから泊めてくれ、といいました。私は深い考えもなくそれだけだと思って、別に警戒心ももたず「いいよ」といいました。私は山川を子供みたいに思い、あまり男だという意識をもたなかったのです。

東中野の私の借りてた部屋は、二階の八畳間でした。「暫」を出て、夜の一時過ぎにそこに帰りましたが、山川はついてきて、部屋に入るとすぐ私をおそってきました。もちろん、私はそれを拒み、なんとか逃れたい一念でした。だけど、私の隣りには、もうひとつ部屋があって、そこはふすまで仕切られただけですし、深夜だったから、あまりさわぐのも、かえって変だと思ってつい弱気になりました。

私は部屋のなかで、山川につかまらないよう逃げ回っていました。それがふすまごしに隣りの人にわかったんでしょう。エヘン、エヘンと咳《せき》ばらいされるから、私は抵抗もあまりしないで、あきらめてしまいました。あのとき、どうして表に逃げ出さなかったんだろうと思うんですが、そういう気転は働かなかったのです。

私はあまりつき合いもない男と、こんなことになって残念に思いました。山川は私を謀ったのです。遅くなって電車がなくなったといいましたが、山川が住んでいたのは中野でした。あのころ中野なら私もよく歩いて行きましたから、歩いて帰ることができたのです。山川は最初から謀るつもりだったんでしょう。私のことをそれほど、想っていたというのじゃありませんでした。

山川はそれ以来、ときどきは私のところにやって来て関係を迫りました。それを中原が知ったのです。山川がやって来ているときをみ計らって、中原もやって来るようになりました。中原はその怒りを暴力で表わして、私をぶったり、たたいたりしました。

中原は私に対して、いつもの亭主気どりで、叱りました。山川はそれがなんのことだかわからないから、びっくりしておりました。とくに山川は、いつも逃げ腰の人間だったから、だんだん私から遠ざかろうとして、私の部屋に来なくなりました。

山川はそう何回も、私のところに来て泊まったというんじゃありません。それなのに、私は山川の子供を身ごもってしまいました。身体の調子がおかしいので、妊娠したんじゃないかと思いました。そんな勘はわりと早くって、悪いことに当たってしまったのです。

私はまだ小林のところへ帰りたいと思っていたときだったから、子供を産みたくありませんでした。できれば処分したいと考えました。流産でもすればよいと、ガタガタ道を走るバスに乗ったこともありました。そんなふうだから、私の気分もはれませんし、そんなことを相談する友だちもいなかったのです。

ひそかに堕胎《おろ》すという手はあったけど、今と違って当時は、堕胎罪になるわけで、私にはそんなことする勇気もありませんでした。そのころから闇から闇に堕胎することはありましたが、私はそれにも抵抗を感じていました。

あのころ評論家で新居格《にいいたる》っていう人がいましたが、私が困ってるの知って、近代的じゃないといいました。妊娠するおそれがあったら装置をつかえばよかったじゃないか、あんたの手落ちだよ、とまるで私が悪いようにいいました。だけど、そのころの私にそんな知識ありませんでした。

私はどうすることもできなくて、もう成り行きまかせでした。お腹《なか》は目立たないので私が妊娠していたこと知ってるのは、親しいグループの人じゃなくて、縁の遠い人が、一人か二人でした。普通ならわかるのでしょうけど、底ばらみといって、お腹の子供が背中のほうに回っていたらしいんです。産み月が十二月二十日だったのですが、外套《がいとう》着てると、そと目にはぜんぜんわかりませんでした。

いつも会ってた中原なんかは、私の困っていたこと知りません。もちろん山川は妊娠のこと知っていました。それでかえって遠ざかっていくようになったのですが、山川の友だちで、私のことをなにかと親切にしてくださるご夫婦がありました。あるいは山川の家のほうから、その夫婦に私のことを頼まれたのかもしれません。いよいよ産み月が近づいたころには、産院の予約から、赤ん坊の着物や蒲団《ふとん》まで、お世話くださいました。

そのご夫婦は私とあまりかわらぬ年齢でした。これまで、ご主人のほうのお母さんと一緒に住んでいたらしいんだけど、お母さんがなんでもきつい人らしく、それでご夫婦だけが東中野に引っ越して来たんです。その奥さんはこれまで散々いじめられたから、東中野にやって来てほっとしてたようで、私の境遇に同情してくださって、いろいろお世話してくださいました。

いよいよ産まれそうになって、産院に入院しました。その時も産みたくない、産みたくない、というのが正直な気持でした。私は世間的にうとい女ですから、この先どうして生きていったらよいかもわからなかったのですが、とうとう男の子を産んでしまったのです。

中原はたいていのことなら、私の世話をやいてくれましたが、お産の時はなにひとつしてくれなかったのです。いつも逃げてばっかりいる山川をさがし歩いて、説教をしていたくらいです。山川は山川で、私の亭主面してお説教する中原の存在を、不可解に思っていたかもしれません。もしかすると、生まれた子供は自分の子ではないんじゃないか、と疑っていました。だから自分の子供だとなかなか認知しませんでした。

山川はそのころ、「暫」の女ともできていたらしいんです。いわゆる三角関係になっていたんですが、私はそれを知りませんでした。そんなことは隠して、山川は左翼運動のため地下にもぐるんだといっておりました。その女もだんだん左翼化していったようで、山川と一緒に運動に加わって二人は地下で結婚していたようでした。

山川は私に会うと、左翼のほうで命を賭《か》けるんだと、しきりにいっておりました。主義に生きるために、非合法な地下活動をしなければならないから、私になにもしてあげられないともいっておりました。

たしかにあのころは、左翼運動の盛んなときで、メーデーの日には上野に労働者がみんな集まって、広場を赤旗でうめたこともありました。いまに世の中は左翼の天下が来そうな状態でした。また一方では警察の特高が、すごくはばをきかせておりました。そのために、地下にもぐって左翼の運動をする人も多かったのです。

山川は左翼の運動に命をかけるのだ、そういって逃げてしまったから、生まれた子供は、父親に祝福されませんでした。ただ中原だけは変わらず、私と子供の面倒をみてくれました。中原は私が産んだ子供のことを考えながら歩いていたらしいんです。そのとき、京都の三十三間堂の光景が頭に浮かんできて、茂樹という感じだったので、生まれた子供に、茂樹と名前をつけてくれました。

私は子供を産んでからも、その産院にかなり長くいました。そうでないと、子供をどう扱ってよいかわからなかったのです。とにかく神経質だから、子供のお湯をつかわすこともできません。片手でささえて、片手で洗うのなど見ていると、それだけで落としたら大変だと恐ろしいんです。といって、産院にいつまでもいるわけにもいかないから、東中野に一軒借りて、退院と同時にそこに移りました。

お産の前後にかかった費用は、山川の家のほうで出してくれました。だけど、私は山川家の人とは直接に会ったことありません。親切にしてくれてた山川の友だちを通して、お世話くださったのです。

私が退院してからは、新しく移った家まで看護婦さんに来てもらっておりました。私には子供の世話はできませんでしたけど、看護婦さんはいつまでも家にいてくれませんので、子供の世話してくれるばあやさんを雇いました。ばあやさんを雇うようなお金は、ぜんぜんありませんでしたが、私一人ではどうにもならなかったのです。まったく途方に暮れた生活でした。

家に来てくれたばあやさんは、ちょっと見るとこわい顔をした人でした。気味が悪い顔した人だなと、はじめはいやな思いをしておりましたが、しばらくたって身の上を聞いてみると、それは奇特な人なんです。旦那《だんな》がいたんだけど、あるとき女とかけ落ちしてしまったらしいんです。そのとき、旦那の母親は中風で寝たっきりだったので、その母親の世話をして、十何年か仕えたといっておりました。その母親も亡くなったから、私のところに来てくださったのです。

ああ、こういう人だったのかと、私は安心したので、子供はばあやさんに預けて、またモダンぶって出歩きはじめました。慶應の映画研究会の連中と知り合いになって、その連中の撮る映画にも出ました。熱心な連中は私の家にもよく遊びに来て、映画の話をよくしました。

　そのころ、山川は地下にもぐっていたから、世間とは無関係のようにしておりましたが、ときどきは私のところにあらわれて、少々のお金は置いていきました。私はやっぱり異常な神経の持ち主だから、子供は産んだけど、お乳のほうが出ないので、病院ではもらい乳していましたが、そのあと子供はミルクで育てました。山川はそのことを知っていたから、家のほうでつけのきく薬屋から、内緒で粉ミルクをもってきてくれました。そんなとき、山川の親のほうが子供は山川家に引き取るといっている、というのを聞きました。だけど私には可愛い息子です。そう簡単には渡せない、私が立派に育てるんだと、いつか覚悟を決めていました。

　中原は、私の面倒をよくみてくれましたが、ときには乱暴も働きました。酒飲むとガラッと変わって、自分のいうことを聞いていれば、こんなことにはならなかったと怒り、家にきてあばれることもありました。

　あるとき中原は酒飲んできて、私の男の人への対し方を叱りました。私はそれに反発しました。私はお裁縫しているときだったので、中原は私の使っていたこてを急に取り上げて、三面鏡にたたきつけました。

　その三面鏡は中原に買ってもらったもので、小さいから本棚の上に乗っけておりました。その真下に茂樹を寝かせていたもんだから中原が三面鏡をたたきわったときには、びっくりしました。ガラスがみんな茂樹の顔にかかったと思って、私は目をつむってしまいました。もう殺されたも同じだと、気は転倒してしまいました。だけど、茂樹は泣きません。気をとりなおして見てみると、ガラスの破片は顔にぜんぜん落ちていません。真下に寝ていたから、ほかへパーッと散って、顔には落ちかからなかったようでした。

そんな乱暴をする中原は、めちゃくちゃだと思いました。なにしろ、私が中原のいうことを聞かないので、内心ではこんちくしょうと思っていたんでしょう。それが、酒を飲むと出てくるようでした。

ときどき法外なことをしたけど、私のことをずっと心配してくれていたのも、やっぱり中原でした。私は松竹の蒲田撮影所に、もう一度使ってくれないかなあと思って、職を求めて行ったことありました。そのとき撮影所に子供連れて行くわけにいかないから、中原にあずけました。そんなこと頼んでも、中原は快く引き受けてくれる人でした。

私が撮影所へ行って帰ってくるまで、茂樹と遊んでいてくれました。はじめのうちは泣いていたけど、あとではいい子になって一緒に遊べた、なんていっておりました。あのとき、撮影所の働き口はダメだったけど、中原のやさしい心持が私にはよくわかり、うれしい気持で中原のところから茂樹を連れて帰ったのを思い出します。

グレタ・ガルボに似た女

疲れやつれた美しい顔よ、
私はおまへを愛す。
さうあるべきがよかつたかも知れない多くの元気な顔たちの中に、
私は容易におまへを見付ける。

それはもう、疲れしぼみ、
悔とさびしい微笑としか持つてはをらぬけれど、
それは此の世の親しみのかずかずが、
縺《もつ》れ合ひ、香となつて籠る壺なんだ。

そこに此の世の喜びの話や悲みの話は、

彼のためには大きすぎる声で語られ、
彼の瞳はうるみ、
語り手は去つてゆく。

彼が残るのは、十分諦めてだ。
だが諦めとは思はないでだ。
その時だ、その壺が花を開く、
その花は、夜の部屋にみる、三色菫《さんしきすみれ》だ。

（中原中也「疲れやつれた美しい顔」）

昭和六年ころでしたか、『時事新報』というのがあって、そこで「グレタ・ガルボに似た女」というのを募集したことありました。あのころ、外国映画がすごく流行したときで、スウェーデン生まれのグレタ・ガルボという女優は、そのころアメリカのハリウッドで最高の映画スターでした。

ほかにもドイツの女優でブリジッテ・ヘルムという人気のある女優がいましたので、「ブリジッテ・ヘルムに似た女」というのを募集したことありました。一時はそんなことがはやって、「……に似た女」という募集をあちこちでやったもんです。

私はそのころ乳飲み子をかかえて、貧困のさなかでしたので、募集広告をみたとき、それに応募してみる気持になったのです。もし当選すれば、何かのきっかけにはなると思いました。

私はそれまでにも、人からよくガルボに似ているといわれました。街歩いていると、ガルボが来た、ガルボが来た、などともよくいわれていました。それで、自分でもガルボに似ているのかなあ、と思っていました。

私は応募規定どおり、さっそく『時事新報』に自分の写真を送りました。それは堀野さんにとってもらっていた、目を左にむけていた写真です。あの写真は別にガルボに似てないんだけど、ちょっときれいにとれていて、一般受けすると思ったから、それを送りました。

まず「グレタ・ガルボに似た女」の一次予選があり、それは通過しましたが、その通知を受けとったのは、かなり月日がたってからでした。あるいはダメだったんだなと忘れていたころに、予選を通過した人たちのコンテストをやるから出てこいといって来ました。

その日は大雨のふったときで、私の住んでいたすぐそばの神田川が氾濫《はんらん》していました。だんだん水かさが増したときには、床の上まで水があがってきたので、畳は全部あげてしまって、床の間に籐《とう》いすおいて寝ておりました。そんなことで、私はカゼをひいて、それも大人の百日咳《ひやくにちぜき》のようにせき込んで、腰がたたないほどにひどいカゼでした。

あのときは、コンテストに出るかどうか急いで返事しなければいけなかったようで、寝ていたのを起き出して近くの公衆電話で出席することを知らせたと思うんです。

いよいよ当日になったけど、まだふらふらしてうまく歩けませんでした。あのころ親しかった長谷川玖一という方に、一緒につきそって行ってもらいました。その人の腕にすがって、会場にやっと行ったような状態でした。

審査はすぐはじめるのかと思っていると、それがなかなかで、長く待たされました。その間じゅう、私の咳はとまらず、まったく苦しい思いをしました。もうコンテストなんかに出場しないで、帰ろうとしていると、やっと審査がはじまったのです。

私はカゼでとにかく苦しいから、お化粧をする余裕などありませんでした。一時期はガルボに似せて、眉《まゆ》をそったりしていたことありましたが、そのときは素顔で出かけました。もうどうでもいいと思っていたから、私が入賞するなど考えておりませんでした。ただ、審査員の前を歩けというからそうしただけです。

審査員は、徳川夢声さんら数人でした。時事新報社主催で日活映画、メトロ映画などが後援でしたから、その関係者たちも審査員の席にすわっておりました。

あのとき、「グレタ・ガルボに似た女」は一等、二等、三等と三人だけ選ばれました。二等は河野という剣道の師範の娘さんで、三等になった人はダンサーでした。その三等の人はお化粧も念入りに、つけまつげなどしていかにもガルボ的にしていました。ちょっと身体は小さかったけど、イブニングドレスもすてきで、一等はあの人かなと思っていると、私が一等に決まったのです。審査は顔の化粧なんか関係なく、タイプが似かよっているというので見たんでしょう。

ガルボのことは、あのころ大仏《おさらぎ》次郎さんが好んで書いていました。とにかく一世を風靡《ふうび》した女優で、無口ですましたような役がよく似合ったように思います。そのあと、ディートリッヒなどという女優も人気がありましたが、やっぱりガルボほどの影響力はなかったようです。とにかく「グレタ・ガルボに似た女」で一等になったことを喜びました。これがきっかけで、なにかよい話があればよいと思いました。お金はなく、乳飲み子をかかえて、じめじめした気分でいましたから、そんな生活から抜けだせるような話があるかもしれない、とちょっと希望をもちました。

（中原中也は長谷川泰子さんが「グレタ・ガルボに似た女性」で一等になったことには無関心をよそおっていたらしいが、十月二十四日発で京都にいた安原喜弘氏に、そのことにふれた次のような手紙を書いている。編者）

佐規子も此の頃では陸進して、グレタ・ガルボになりました。御存知ですか、今度奴は主演で撮映するのださうです。僕はちつとも会つてゐません。赤ン坊には時々会ひたくなります。

学校には欠かさず出てをります。詩も書きます。三日に一度は、少しでもいいからお酒がはいらないと、身も心もニガりきります。

「グレタ・ガルボに似た女」で一等になった人を主演にして、日活が一本映画をとることになっていました。それでうまく当たれば、日活の専属にしようというんでした。それはまったく結構な話でしたが、日活の撮影所が京都にあったのは残念でした。それが東京での話なら、私はよろこんで従ったんでしょうが、いまさら京都へ行くのはと、何とはなしにやめてしまいました。日活のほうも、京都に来るように、さほどすすめる様子がなかったので、私が映画に主演する話は、いつの間にか立ち消えになってしまいました。

私には子供がいたし、友だちのすくない京都に行くのは気が重かったのです。いつもは喧嘩《けんか》ばかりしていたけど、中原が近くにいることは、やっぱり頼りになりましたので、またとないチャンスを捨ててしまいました。

「グレタ・ガルボに似た女」の授与式は帝国ホテルで盛大に行なわれました。あのころ、カメラマンの堀野さんとはつき合っていませんでしたが、私が特別にたのんで、まず授与式の数日前にガルボに扮《ふん》した写真を撮ってもらって、当日は帝国ホテルの発表会場の真正面に大きく引き伸ばしたのをはり出しました。

あのときに着たドレスは、ガルボが「インスピレーション」という映画で実際に着ていたドレスだったのです。それを授与式には、正式にもらうことになっていたんだけど、写真うつすためにちょっと借りて、私は堀野さんが嘱託していた、落合のオリエンタル写真工業会社のスタジオで、写真をとってもらいました。

あの写真とったときも、私のカゼはまだよく治っていませんでしたから、いまある写真はうらめしそうな顔をしています。ほんとうは当選してうれしいんですが、疲れてへとへとだったなあ、という印象が強く残っております。

授与式の当日は、映画関係のいろんな方がみえていました。私はあのとき、ガルボ的服装でその式に出席しました。上は白、下は黒の長いドレスのイブニングでした。そんな正装で、授与式にのぞんだんだけど、私の知ってる人で来てくれたのは、堀野さん夫妻だけというさびしさでした。

文学なんかのことなら、中原なども興味を示したでしょうが、こういうのとは縁がないんです。もちろん、中原たちの仲間も映画はすきで、よく見にいっておりましたけど、こういう事柄で、のこのこ来やあしませんでした。

私が「グレタ・ガルボに似た女」で一等になって、もらったものは、先ほどもいったガルボの着たドレスだけで、経済的にはうるおいませんでした。しばらくのちに、新宿の武蔵野館で、ガルボ主演の「インスピレーション」が封切られたとき、徳川夢声さんから、映画のはじまる前にちょっと舞台に出て花輪をもらって、ただおじぎして引きさがるだけのものだから、出てくれないかと頼まれました。あのとき、夢声さんは「なにもいわないで、スーッとひきさがるほうがガルボ的だからな」といわれました。それも二日間出ただけで、たいした仕事ではありませんでしたが、謝礼として五十円と、かなりな額をいただきました。

もう一度ガルボのドレスを着たことで、印象に残っていることがあります。あれはクリスマスのとき、映画のグループから誘われて、なにかのパーティーに出たときのことです。そのドレスは裾《すそ》をひきずるほど長く、だから正式のパーティーなどには似合った服装でした。そのパーティーが終わってから、私はまた誘われて、立ち飲みの居酒屋へ行ったんです。

あのとき、私は裾をひきずるドレスなんか着て、居酒屋へ行きたくなかったんだけど、やっぱりついて行きました。居酒屋は、中原たちとよく行ったから、ほんとは慣れていたわけです。私はそこで飲みながら、帝国ホテルにいても合うし、居酒屋にいても合う女なんて、おもしろいんじゃないかと思ってもみました。事実、私はそんなふうにいわれるのを好みました。

（写真家の堀野正雄氏は長谷川泰子さんの数年間のスナップを、『婦人画報』に発表された。その紹介記事として、次のような文章もそえておられる。なお引用のなかの小林佐規子は長谷川泰子さんのことである。編者）

ここにかかげた十数枚の写真は小林佐規子と云ふ人の一九二九年二月から三十一年（昭和六年）十月までの肖像です。

彼女は新しい女です。今の社会から考えたら、あまりにもかけ離れた世界に住んでゐる女です。

しかし、彼女はその生活の道を自信に満ちて進んでゐます。彼女の生活は、旧道徳から見ればかんばしいものではないかもしれません。が、私たち未来の生活を暗示する何ものかを持つてゐます。

彼女は貧民窟の飲屋に行つても、帝国ホテルの晩餐会にのぞんでも、周囲に少しも不調和を与えません……。

青山学校

僕はもうバッハにもモツアルトにも倦果てた。
あの幸福な、お調子者のヂャズにもすつかり倦果てた。
僕は雨上りの曇つた空の下の鉄橋のやうに生きてゐる。
僕に押寄せてゐるものは、何時でもそれは寂漠だ。

僕はその寂漠の中にすつかり沈静してゐるわけでもない。
僕は何かを求めてゐる、絶えず何かを求めてゐる。
恐ろしく不動の形の中にだが、また恐ろしく憔《じ》れてゐる。
そのためにははや、食慾も性慾もあつてなきが如くでさへある。

しかし、それが何かは分らない、つひぞ分つたためしはない。

それが二つあるとは思へない、ただ一つであるとは思ふ。

しかしそれが何かは分らない、つひぞ分つたためしはない。

それに行き著《つ》く一か八かの方途さへ、悉皆《すつかり》分つたためしはない。

時に自分を揶揄《からか》ふやうに、僕は自分に訊《き》いてみるのだ、
それは女か？　甘《うま》いものか？　それは栄誉か？
すると心は叫ぶのだ、あれでもない、これでもない、あれでもないこれでもない！
それでは空の歌、朝、高空に、鳴響く空の歌とでもいふのであらうか？

（中原中也「いのちの声」より）


四ツ谷の花園アパートにいた青山二郎さんのところに、私をはじめて連れて行ったのは中原でした。昭和六年か七年だったと思います。だけど、青山さんの噂は小林と一緒にいたときから、よく聞いておりました。

「四ツ谷のアパートに住んでる友だちがいてね、そこに行くと、いい壺《つぼ》とか茶碗《ちゃわん》などがところせましと置いてあるよ。そこへ今度行ってみよう」

小林は私にこういっておりましたが、まもなく別れてしまったから、青山さんに直接お会いする機会がなかなかありませんでした。その後、中原が青山さんのところに出入りし

はじめたから、連れて行ってもらったのです。それからは、そこにひんぱんに出入りしはじめました。

青山さんは焼きもの鑑定家で、それも遊びでものがわかったような人でした。私などいつ行っても、青山さんは手まくらでごろりと横になっていて、運動といったら銭湯に入って二時間あまり汗を流すことぐらいでした。まあ、青山さんはそういう生活だから、昼間からそのアパートには、仲間が集まってきておりました。飲み友だちがそろうと、青山さんは「さあ、いこうぜ」と、みんなを連れて銀座へ飲みに出かけておりました。

みんなも青山さんが飲みに連れて行ってくれるから、集まって行ったんでしょうけど、それだけで仲間が集まったんじゃないと思います。部屋に置いてある、いい焼きものを見せてもらいながら、小林なんかは焼きものの見方を、はじめて青山さんに教えてもらったのです。

青山さんは焼きものを、なぜたり、さすったり、また中をのぞいたりしておられることも、ときにはありました。そんなときにたまたま行くと、青山さんは私の顔を見て、こういわれたことありました。

「焼きものは人間と同じだよ、添ってみなけりゃわからないんだ。そして愛情がおきなきゃあわからないもんだよ」

青山さんはあんまり仕事はされなかったようでしたが、いい焼きものがあれば買って、いつも手もとに置いて見ているんです。あまり金もうけにはならなかったと思います。それに、みんな連れて酒飲みに行くから、借金ができて困ったこともあったそうです。どうにも首が回らなくなり、死のうとしたことがあったと聞きました。それは私が青山さんに会う前のことだったらしいんだけど、着物のたもとに石をいっぱい入れて、川に飛び込んだそうです。だけど、あの人は泳ぎの名人なんだから、うまく死ねなかったというんです。

私がおつき合いするようになってからも、青山さんはいつも借金をつくってたんじゃないでしょうか。とにかく銀座の酒場へ、仲間を何人も何人も連れて行って、酒を飲ませるんだから、お金はいくら有っても足りないわけです。一度などは、飲み屋の借金がふえて、飲み代のかたに自分の住んでいた家を取られたこともあったほどです。

青山さんはもののわかった、いろんな意味で得がたい人物なんです。中原はそんな人に出会うと、これまた徹底的につき合うわけで、それは富永太郎さんのときもそうだったし、小林のときでもそうでした。早速、中原は青山さんの住んでいた、四ツ谷のアパートに移って行きました。

あの花園アパートというのは、アパートのはしりじゃなかったかと思います。木造の二階建てで、部屋はかなり広い感じでした。その一階には青山さんが住んでおり、中原は二階に引っ越して行ったんです。

中原はそのとき結婚（昭和八年十二月三日）し、奥さんと一緒に住んだんですが、私は中原の部屋に遊びに行きました。はじめしばらくは、奥さんから普通にお茶出していただきましたが、あるときから、よそよそしくされはじめました。私たちが京都などで一緒に住んでたことを、誰かが奥さんに話したんでしょう。

あのころ、中原や青山さんたちの仲間は、本格っていうことで、すべてを測っておりました。それが評価の基準なわけです。あれは本格か、そうじゃないか、まずそれをみるんです。そんな基準のものさしで、たいていの人は中原にやっつけられて、逃げていきました。それでもなお、もちこたえられた人は青山さんのところに連れて来られて、つぎは青山さんがもむんです。「どれもんでやるか」なんて、もむってことばが流行していました。まあ、そこでまた、青山さんに鍛えられるということになっていました。

（中原中也の人づきあいの凄絶《せいぜつ》さは有名である。そのさまはこれまでにもいろんな人が書いている。ここでは檀一雄氏の『小説太宰治』の一部を引用させていただいて、中原と太宰の関係を示しておきたい。編者）

太宰はつき合い上の悪友は決してこばまなかった。しかし、あの凄絶な中原の酒席の搦みは耐えられなかったに違いない。中原と太宰は、私の記憶に従えば三回会った。私の家で会って、「おかめ」で二度飲み、二度とも途中から逃げ帰った。後の時には中原がどうしても太宰に会う、と云うので荻窪の飛島家迄追いかけた。もう一度は伊東静雄の出版記念会の席上でである。

　寒い日だった。中原中也と草野心平氏が、私の家にやって来て、丁度、居合わせた太宰と、四人で連れ立って、「おかめ」に出掛けていった。初めのうちは、太宰と中原は、いかにも睦まじ気に話し合っていたが、酔が廻るにつれて、例の凄絶な、中原の搦みになり、

「はい」「そうは思わない」などと、太宰はしきりに中原の鋭鋒を、さけていた。しかし、中原を尊敬していただけに、いつのまにかその声は例の、甘くたるんだような響きになる。

「あい。そうかしら?」そんなふうに聞えてくる。

「何だ、おめえは。青鯖が空に浮んだような顔をしやがって。全体、おめえは何の花が好きだい?」

　太宰は閉口して、泣き出しそうな顔だった。(中略)

　私は何度も中原の花園アパートには出掛けていったが、太宰はたった一度だけ私について来た。太宰を階下に待たせ、私は外からめぐって上る非常用の鉄梯子を登っていった。けれども中原は留守だった。無意味な擾乱が起らずに済んだという、その時のホッとした気持の事を覚えている。

中村光夫さんが「レアリズムについて」（『文学界』昭和十年十一月号。編者）というのを書いたことがありました。それは左翼的な書き方のところがあったんでしょう、そこが中原には気に入らなかったみたいです。あるとき、中原たちとゾロゾロと料理屋に行ったとき、中原は連れだって一緒に行った中村さんをつかまえて、卓の上に倒しちゃって、首をしめました。

「こいつめ、左翼のようなこと書いて、……」とか何とかいって、中原は一人で腹を立てていました。中村さんはされるがままに、庖丁を入れられる鯉みたいにジーッとしておりました。

中原もそうだし、青山さんもそうだと思うんだけど、つねにいうのは人間の根性なんです。流行に支配されるというのかな、主義に走るなどということを中原はもっとも軽蔑《けいべつ》しておりました。つまり、そんなのは本格じゃないときめつけておりました。

あのころ、青山さんは小林や河上さんの出す本の装丁を、ほとんどしていたんじゃないでしょうか。そんな関係で、青山さんのまわりに人が集まっておりました。中原の詩集『山羊の歌』の装丁も、予定では青山さんがするはずだったんですね。だけど、途中でお金がなくなって、出せなくなってしまいました。はじめはお金あったんでしょうが、それを飲んでしまったんでしょう。

私はよく子供を連れて、青山さんのところに遊びに行きました。私はブラブラしていてお金ありませんから、そんなとき、青山さんのところへ行くのは托鉢《たくはつ》みたいなもので、いろいろお世話になりました。私は貧乏のときが多いんだけど、あのころはとくにひどい貧乏時代だったともいえそうです。

藤森成吉さんが書いた小説に『何が彼女をさうさせたか』というのがあり、その題名がそのまま流行語になったことがあります。私はそのことばを思い出して、青山さんと飲んでいたとき、「何が彼女をそうさせたか」といったことがあるんです。すると青山さん「なにいってやんだ」と吐き出すようにいいました。

ときには、私も弱気になっていたんだと思うんです。それで過去をふりかえって、あのときああしなければなどと考えていたんでしょう。それで「何が彼女をそうさせたか」といったんですが、青山さんはそんなの甘いというわけです。あの連中はけっして甘やかしたり、お世辞いいませんでした。

酒場に行っても、みんな世間的なふざけはしませんでした。たまに青山さんは女の子とふざけたりするけど、ほかの連中はみんなかたい人ばかりでした。議論はいつも白熱化して、喧嘩《けんか》がはじまるわけです。その中心はいつも中原で、相手を徹底的にやっつけるんです。まあ、小林とか、河上さん、青山さんなどは同じ本格と思っていたから、喧嘩うらないわけですが、あとはたいていい中原にやっつけられ、それで逃げた人は多かったようです。

私は青山さんと一緒に行って、北大路魯山人《ろさんじん》と食事したときのことが印象に残っております。魯山人はあのころ小林秀雄ファンでした。私が小林と一緒に住んでいたことがあった、と聞いて興味があったんでしょう。特別に招待してくださって、茅場町《かやばちょう》にある精進料理だけの支那《しな》料理店でごちそうしてもらったことありました。

魯山人は青山さんたちの仲間でした。それで魯山人の星岡《ほしがおか》茶寮のことは聞いていたし、青山さんの仲間はそこにも出入りしていたようです。私はそこに行く機会なかったけど、むこうから是非一緒にということになったので、青山さんに連れて行ってもらったわけです。あのときは、舞踊の武原はんさんも一緒でした。武原さんは、のちに青山さんと一緒になるんだけど、まだ結婚されてない時だったと思います。

あのときは不思議なんですけど、私は酔ってくると、あとはずっと泣いておりました。青山さんには「泣いてばかりいやがる」といわれましたが、涙が出てきて止まらなかったんです。といって私はふつう酒飲んで泣くなんていうことありませんが、魯山人に会ったときから、変になってしまったんです。

支那料理店のあと築地の小料理屋にも行きましたけど、そこでも泣き出してしまいました。魯山人が招待したのは、私になにかいわせたいからだったんでしょうが、涙が出てなにもいえませんでした。酒を飲むとすぐ酔ってしまって、私は正体をなくしてしまいました。青山さんは武原さんに「おまえ、踊れ」といって、私にかまわぬようにしておりました。

　私の神経は乱れはじめると、どうにも収拾がつかなくなります。魯山人に会ったときから、どうもおかしくなって、その座を乱してしまいました。だけど、それを強いて繕わなければいけないという意識も、あまりありませんでした。

　私はとんでもない人づき合いを、よくやりました。そのため変わった女だと、人からよくいわれましたけど、そんなことあまり気にせず、根性丸出しで、気ままに生きてきたんじゃないかと思っております。もちろん、それが良かったか、悪かったか、わかりません。ただいえることは、そんなこと問題にしたくないということです。

酒場「エスパニョール」

雨が、あがつて、風が吹く。
　雲が、流れる、月かくす。
みなさん、今夜は、春の宵。
　なまあつたかい、風が吹く。

なんだか、深い、溜息が、
　なんだかはるかな、幻想が、
湧くけど、それは、摑《つか》めない。
　誰にも、それは、語れない。

誰にも、それは、語れない

ことだけれども、それこそが、
いのちだらうぢやないですか、
けれども、それは、示《あ》かせない……

かくて、人間、ひとりびとり、
こころで感じて、顔見合せれば
につこり笑ふといふほどの
ことして、一生、過ぎるんですねえ

雨が、あがつて、風が吹く。
雲が、流れる、月かくす。
みなさん、今夜は、春の宵。
なまあつたかい、風が吹く。

（中原中也「春宵感懐」）

私に子供が生まれてからは、ほんとに貧乏のどん底まで落ちましたけど、どうやって働いていいかわかりませんでした。小林と一緒にいたときには、ジーッとすわったきりの毎日だったから、そのほとぼりもさめやらず、手も動かなかったのです。私は知り合いを訪ねて、生活の面倒をみてもらっていた時期もありました。

私は東中野に住んでいたから、夜などは古谷綱武さんの家にしょっちゅう行っておりました。子供づれでよく泊まってもおりました。夜中に子供が起きて泣いているのに、私はグーグー寝てるときなど、文子さんにお乳《ちち》をあっためて飲ましてもらったり、子守りなどもしてもらったこともありました。

古谷さんの家には、やっぱりいろんな人がよく集まって来ておりました。坂口安吾さんや、中山義秀さんにはじめて会ったのも、古谷さんの家じゃなかったかと思います。だけどあのころ、みなさん有名でないから、いちいち覚えておりません。坂口さんはどこかに私のこと書いていたので、ああそうかと思ったくらいです。中山さんはあとで親しくなったとき、むこうから古谷さんのところで会ったことがあるといわれました。文子さんはのちに滝沢修さんと結婚し、滝沢さんも古谷さんの家で、みんなと一緒に暮らしていたことありました。

古谷綱武さんは、自分の性格のよさを傷つけないで育てた、柔軟さをもった人でした。それで人のよさも率直に認めるから、人望があつかったようです。だけど、早く学校やめてしまって、年のわりに大人っぽい生活されておりました。いつでも着物をきて、文学の仲間と遊んでいたから、すごく顔がひろいんです。一度は私を銀座の「トミー」という酒場に、働き口を紹介してくださいました。その「トミー」というのはとみ子という女の人の名前を、西洋風にいいかえたのだと聞きました。その女の人の旦那《だんな》というのが丹羽《にわ》文雄さんで、丹羽さんもよく飲みにこられていたけど、あとで別れましたね。

私が働きはじめると、今度はまわりに迷惑がかかりました。酒場に子供つれて行くわけにいかないから、誰かに預けて出かけるんです。それが古谷さんの家であったり、中原のところに茂樹を連れて行って預けたりでした。そんなんじゃいずれ長つづきするはずはなく、「トミー」はしばらく行ってやめました。

ちょっと勤めたところでは、ほかに「ウインゾアー」という酒場があります。そこは青山さんと何かの縁にあたる人がやっていた酒場で、青山さんがここで働いてみたら、と勧めたから、しばらく行って、そこもやめました。私が仕事してないときは、友だちまわりの托鉢《たくはつ》みたいなことで、その日その日をつなぎました。

私が銀座の酒場で、一番長く勤めたのは三度目の「エスパニョール」という店でした。そこも青山さんの口ききで、「おれたちがいつでも行く酒場があるから、そこに行ってろ」ということで、私はそこに勤めはじめました。昭和九年だったと思います。

（中原中也は泰子さんのことを、あくまで心配した。それは現存する書簡からうかがい知れるのだが、ここには昭和八年七月二十四日発、泰子さん宛のはがきを引用しておきたい。編者）

エスパニョルに仕事の口あるよし、青山が云つてゐたと玖一が云つてゐた。こなひだ行つたのだが留守だつた。此の頃僕は留守が多いから、来る時には前々日位に葉書が届くやう御通知あれ。速達もきくやうになつた。茂樹の戸籍のこと古屋《ママ》から話してくれるやう頼んでおいたから、そのうち会つたら訊ねてみるがよい。
毎日大変暑いが気を憔立てないやうに。

さよなら

息子の茂樹はもう四歳になろうとしていました。それで手もだんだんかからなくなっていたんだけど、「エスパニョール」に勤めはじめたころは、お手伝いさんを雇っておりましたので、勤めも長つづきしたのだと思います。

「エスパニョール」という店は新橋と土橋との中間、新橋芸者の取次ぎなどする検番というのがあって、その裏通りにありました。店の名前もそうだったけど、内部はスペイン風で、一階の中央は天井までつきぬけており、そのまわりはテラスのようになった二階がありました。

そこのマダムはやせ型の人だったけど、なかなか切れる感じでした。勤めている女の子は私のほかにも、いっぱいいいました。仕事は客がすわっているボックスに行って、ビールをすすめることでしたが、はじめのうちは慣れなくて、お客のかたわらでぽつりとすわっておりました。そんなとき、河上徹太郎さんがやってきて、わたしの無愛想なのを、「ギリシャ時代の女みたいだな」といってからかわれました。

もっとも、それははじめのころで、あとはだんだん慣れました。青山さんはいつもくるし、そのほかの客もよく知ってる連中が多かったから、案外と気楽に勤められました。「エスパニョール」はそんなに高級な酒場ではありません。値段のほうもそう高くなかったと思いますけど、中原たちが一人でやって来るところではありませんでした。あの人たちはもっと安い居酒屋で飲むのが多かったようです。もちろん、青山さんなどと一緒のときはやって来たけど、お勘定のほうは青山さんでした。

青山さんはたいてい人を連れて来て飲ませるんですが、といってお金は持っておりません。ただチップに出すだけのお金を持って、酒場を飲んで歩いていました。

あのころ、私がよく知ってた連中、たとえば小林にしてもあんまりお金はなかったようで、「エスパニョール」などには人に連れられて、ときどきやってくる程度でした。いつだったか、青山さんが小林に「いくらお金がなくても、ふところへ手ぐらい入れろよ」なんて笑わしておりました。まあ、それのほうが恰好《かっこう》つくというんでしょう。

私は毎日「エスパニョール」に勤めて、月八十円くらいになりましたが、ほかにチップを置いて行く人はあんまりいなかったようです。それでお手伝いさん雇い、家賃、電車賃など払うと、もうお金はたりないくらいでした。

そのころ、フランスに行ってた山岸さんが帰って来て、杉並の永福町に住みはじめました。しばらくして山岸さんはそこに家を建てましたが、帰って来て間もなくは日本画家の山本という人の家を借りて住んでいました。私はそのころも東中野に住んでいましたが、また以前のように山岸さんの家に遊びに行きはじめました。

永福町のあのあたりは、いまはずいぶん変わったけど、あのころは野原と田んぼばかりでした。山岸さんの家は丘になった永福寺境内にあって、そこからの見晴らしがすごくいいんです。私は山岸さんにここに来て住んでもいい？　と頼みました。私がそういうと、山岸さんは仕方がないというようにうなずきました。それで今度は子供連れで居候しました。

私は茂樹を山岸さんに預けて、そこから銀座に通いました。山岸さんはフランスから帰ってからは、たいてい家にいて絵を描いていたから、茂樹の世話もしてもらえました。

永福寺の境内はいわば芸術村で、とくに画家、彫刻家が何人も住んでいました。中川一政さんは、はやくからそこに住んでおられて、何かあるとみんな中川さんとこへ相談に行っておりました。中川さんの家は広い縁側があったから、私なども暇があると、そこにすわりに出かけておりました。

中川さんの家には栄之助、春之助、菊之助と三人の息子さんがいたので、茂樹を連れて行くと、一緒に遊んでもらっていました。一時は中川さんの家の息子みたいに、茂樹はいつも中川さんの家に行っておりました。

中川さんの奥さんは気さくの人で、私が家にいるときは、いつでも声をかけて通られておりました。のぶ子さんというんですが、あの人は同じ永福寺境内に住んでおられた伊藤家から、中川さんにお嫁に来たんです。

伊藤さんというのがまた芸術一家なんです。長男が洋舞家の伊藤道郎《みちお》さん、次が舞台美術家の伊藤熹朔さん、その弟は俳優座もつくられた演出家の千田是也さんです。

あるとき、永福寺の私のところに、おまわりさんが戸籍調べに来て、勤め先を聞かれました。私は酒場の女給だというのは、ちょっと気がひけたから、エスパニョール座に出ているといったんです。おまわりさんは私に、そこで何しているかと聞きましたから、かつらかぶって西洋の芝居しているんだ、といったことありました。それを千田さんが聞かれて、「エスパニョール座とはいい」と大笑いされたそうです。

私は永福寺のあたりがすごく気に入っておりました。そんなとき、寺の山門をはいったすぐのところが、空家になりました。部屋は三間でしたが庭が広く、古いけど住むのにいい家でしたから、そこを借りて移りました。そのときはまたお手伝いさんに来てもらって、茂樹の世話してもらいました。もちろん、山岸さんには父親がわりみたいになってもらって、ずっと迷惑のかけどおしでした。

私は夕方になると、銀座の「エスパニョール」に出て行き、店がおわる夜ふけの終電車で、家に帰って来る生活を続けました。そんなある夜、私は新橋のプラットホームでほろ酔い気分のまま、「夜のしらべ」を小さな声でうたっていると、一人の男性が「いいですね、なかなか」といって声をかけてきました。こうして、私は中垣竹之助とはじめて出会ったのです。

「ずいぶんおそいお帰りですね」

「ええ、あたしはエスパニョールという酒場に勤めていますから」

あのときは、そのくらいの会話しかせず別れましたが、中垣は私のいった「エスパニョール」を覚えていて、あとでそこまで訪ねて来ました。といって、あの人は若かったせいもあるけど、銀座などでお酒を飲みません。最初から高いと思っているから、たいていは店に来ないで、外でお茶飲んだり、お食事を誘ってくれておりました。

そんなつき合いがどれくらい続いたでしょうか。中垣といろいろ話するうちに、結婚してるんだけど、いまは別居中だといっておりました。その奥さんというのはまったくの酒ぎらいで、中垣が晩酌するのもきらって、お酒を捨ててしまうんだといっておりました。そんなことで、どうしてもうまくやっていけないから、離婚するんだといっておりました。中垣は私とつき合っている間に、離婚手続きとったんでしょう。途中で半年ほどはぜんぜん姿現さなかったことありました。

私は中垣がどんな仕事をしている人か、まったく知りませんでした。連絡がパッタリなくなったから、どうしたんだろうと不思議に思っておりました。そのうち中垣がまた現れて、前の女房のことはすべて解決したといい、結婚を申し込みました。

私は中垣との結婚に躊躇《ちゅうちょ》しました。私の潔癖症のことも話し、それが出るとお互いに困るから結婚はしません、と私は断わりましたが、中垣は「行けるところまで行ってみよう」といいました。これを聞いて、私はうまいことばがあるもんだと感心しました。

私は結婚を断わったけど、行けるところまで行ってみる、というのならいいと思いました。いつまでも酒場勤めはできないし、茂樹を育てるためには、やっぱり男の人がいるほうがいい、と考えました。

中垣はそのうち、永福町の私が借りてた家に、自分の荷物も持って来て、一緒に住みはじめました。そこから会社に通いはじめたのですが、中垣がどんな家の子供であるか知りませんでした。だけど、顔みても真面目そうだし、なかなか誠実な人だと思ったから、私は一緒に住みはじめたのです。

V　せめて死の時には

III

せめて死の時には、
あの女が私の上に胸を披《ひら》いてくれるでせうか。
　その時は白粧《おしろい》をつけてゐてはいや、
　その時は白粧をつけてゐてはいや。

ただ静かにその胸を披いて、
私の眼に副射してゐて下さい。
　何にも考へてくれてはいや、
　たとへ私のために考へてくれるのでもいや。

ただはらかにはらかに涙を含み、
あたたかく息づいてゐて下さい。
——もしも涙がながれてきたら、

（中原中也「盲目の秋」より）

結婚

《まことに人生、一瞬の夢、
ゴム風船の、美しさかな。》

空に昇つて、光つて、消えて――
やあ、今日は、御機嫌いかが。
久しぶりだね、その後どうです。
そこらの何処《どこ》かで、お茶でも飲みましよ。
勇んで茶店に這入りはすれど、
ところで話は、とかくないもの。

煙草なんぞを、くさくさ吹かし、
名状しがたい覚悟をなして、――
戸外《そと》はまことに賑かなこと！
――ではまたそのうち、奥さんによろしく、
外国《あっち》に行ったら、たよりを下さい。
あんまりお酒は、飲まんがいいよ。

馬車も通れば、電車も通る。
まことに人生、花嫁御寮。

（中原中也「春日狂想」より）

中垣竹之助が、京橋にあった石炭問屋の社長をしていたことは、永福町で一緒に住んでからも、私は知りませんでした。年は私より三つ下で二十九歳だったから、ただのサラリーマンだとばかり思っておりました。だけど、父親が早死にしたので、中垣はそのときも

う社長をしていたのです。

その石炭問屋は父親の代には横浜にあり、第一次世界大戦で大きくなった会社でした。日本はあの戦争で漁夫の利を得て、成金がふえた時代でした。中垣の家もそのときの成金で、横浜の本牧《ほんもく》にすばらしい家を建てていたんだそうです。桜木町には石炭ビルというのも建て、そこに事務所を置いた景気のよい会社だったそうです。そんな繁華な時代の記念写真を、あとで見ましたが、その後、関東大震災で被害をまともに受け、今度は借金で苦しんできたと聞きました。

そのときは三菱から資金を借りて、事務所は横浜から京橋に移し、ようやく会社を再建したのだ、と中垣は私に話しました。だけど、昭和六年の満州事変以来、石炭は統制されてしまったから、あまり儲《もう》からなかったともいっておりました。といっても、手広く商売していましたから、かなりの収入はあったようでした。

中垣のお父さんは、中垣が十五か十六のときに死んだんだそうで、お母さんも二十歳のときになくなって、彼は若くしていやおうなく一家のあるじにさせられました。中垣には姉が一人、妹が二人いましたけど、男の子は一人だったから、早くから父の跡をついで社長になりました。そのかたわら、彼は慶應大学に二番で入り、そして卒業していたのです。

永福町で一緒に住んでいても、中垣はそんな話はなかなかしませんでしたけど、中垣が石炭問屋を経営していたこともおいおい知れました。そのうち、中垣は私と正式に結婚したいといいはじめました。そのとき、私は自分の過去をあらいざらい中垣にいいましたが、それでもいいと結婚を申し込んだのです。

あのころ、ドイツ映画で「会議は踊る」という映画がありました。それはシンデレラの話みたいに、ある女性が玉の輿《こし》に乗るという話でした。私は酒場の女給、それが社長と結婚する話なんて、まるで「会議は踊る」のヒロインみたいね、といいました。もっとも中原や小林のような人間と深くつき合ってきたから、心のほうはおごっておりましたけど。

中垣は、どうして私のような三十過ぎた子連れの女に、心から親切を尽くしてくれたんでしょうか。それだけ私は引け目を感じましたけど、それ以上に彼の親切にうたれて、中垣のいうままを全面的に受け入れました。

私たちは永福町から、いよいよ田園調布にあった中垣の家に移りました。そこは二百坪の敷地で、六十坪の家が建っており、庭も一応整備されたなかなかいい家でした。

中垣のお姉さんはすでにお嫁に行っていたけど、あとの妹二人は田園調布に、それぞれ別な家を建ててやっていました。

上の妹はすでに養子をとり、下の妹ものちに養子をもらいましたから、中垣という家が三軒ありました。お姉さんも結婚して、田園調布に住んでいたので、みんな近くに住んでいました。

中垣の姉や妹たちとは別な生活だから、関係ないといえば関係なかったけど、みんな

"ざあます"族でした。たとえば、あの人たちは「おみおつけ」でも「おみおみ」といわなけりゃならないのです。ときに電話で話すときがあると、私のもののいい方はダメだと、妹たちからいわれたこともあります。

いよいよ籍を入れて結婚するとなると、やっぱり煩わしいことがありました。中垣の経営していた石炭問屋は三菱の資本が入っており、加藤恭平という三菱に関係した大物が、後見人としていました。その人は台湾拓殖銀行の総裁などもしていた人でしたが、雷《かみなり》加藤といわれたほどで、中垣にとってはこわい存在でした。それだけに、結婚するとなれば加藤さんの了解も取りつけておかなくてはなりません。

中垣からいろいろ聞いていると、その加藤さんの親類には関口隆克さんがいるというんです。その関口さんは「スルヤ」の諸井三郎さんのところでお会いして、私は知っておりました。そんなところから、私の過去が加藤さんに伝わるとまずいわけです。加藤さんに結婚の話をする前に、私は中垣と一緒に関口さんのところに行って、私の過去は黙っていてほしいと頼んだこともありました。

私たちの結婚のことは、まず根回しをうまくやったのちに公表しました。加藤さんのところにも、私は連れて行かれ、そのとき、初婚かと問われたり、初婚にしてはちょっと年がいってるなどといわれましたが、まあいいだろうと許しが出ました。それで、私たちは結婚式をしました。

式のほうはまったく二人きりで、中垣から明治神宮の神前で指輪をはめてもらっただけで、私たちはみんなが待っている披露宴に出ました。中垣のほうは店の人たちもみんな呼んでいたから、かなりの人数でした。私の側は山岸さん夫妻が来てくださいました。はじめは中川一政さん夫妻も出席することになっていましたが、奥さんが病気で急に入院したので出られなくなったからと、電報で祝辞をいただきました。

昭和十一年に、私は結婚して、中垣の妻として入籍しました。中垣は茂樹も自分の子供として籍に入れるといいました。それまで茂樹はどこの籍にも入っていませんでしたので、手続きが複雑だったから、弁護士をよんできて、処理させました。

そのころ中原がどういう生活していたか、あまり詳しいことは知りません。中原の長男が亡くなってからは、もう死んだ子供に夢中になって、あの人は人間が変わってしまいました。それで会うこともありませんでしたが、それ以前はときどき会う機会がありました。中原は私と中垣とが永福町にいたとき、一度くらいは訪ねてきました。田園調布に移ってからも、やっぱり数回は訪ねて来てくれ、中垣と酒を飲みながら、静かに話しておりました。中垣はおとなしく、寛容の精神もっていたから、中原と口論するようなことはありません。中原はいつもおとなしく帰りました。

田園調布の家のほうに、高橋っていう人に来てもらっていたことありましたが、あの人を紹介したのは中原でした。あのころ、高橋さんはブラブラしておられたんでしょう、中原は高橋さんを連れて来て、遠慮なく使ってやってください、といっておりました。私が歌ならっていたので、その楽譜が読めないときなどには、高橋さんに教えてもらったことありましたが、ほかに仕事はなかったので、高橋さんは毎日退屈しておられたようです。

(中原の紹介で一時期、中垣家に住みこみでおられた高橋幸一氏が、「断片回想」と題して、『中原中也全集』の月報のなかで、次のような記事を書いておられる。あのころのことを知るために、その一部を引用させていただく。編者)

ある日私は話があるからという中原のハガキを間借りの部屋で読んだ。出かけて行くと中原は泰子さんが連れ子をして中垣氏という実業家と結婚することになったことを話し、家が広過ぎて家族が少ないから君一緒に住んでやってくれないかということだった。

こうして私は田園調布の中垣氏の邸に居候をすることになったのである。私は毎日鬱屈したつまらない日を送るようになった。「名は思い出したくないが、ラ・マンチャという村に……」「ドン・キホーテ」の冒頭の一節であるが、その時分のことは私にとって何もかも思い出したくないことばかりである。私は洗足駅の近くに新居を持った津村信夫の家へよく出かけて行ったり、能楽雑誌の校正の手伝いに行ったり、青山二郎氏のサロンに顔を出したり、中原を訪ねたりして暇をつぶしていた。(中略)

谷町へ移ってからも私は時々訪ねたし、中原も中垣邸へやってきたことがあった。中垣夫妻が酒を出して歓待すると、彼は酔っ払って「オレは西条八十は買わないが、この歌だけはいい」と言って「トンボ返りで今年も暮れて……」で始まるサーカスの歌をあたりにはお構いなしに繰返して歌い、応接間の絨毯の上に大の字になってその歌を喚くのだった。その額に立て皺を寄せたしかめ面は何とかいう能面にそっくりだった。

私は結婚してからも、ふつうの家庭の主婦のようにじっとおさまってはおりませんでした。映画は毎週見に行きました。歌舞伎、とくに羽左衛門は中垣も好きだし、私も好きだったから、よく見に行きました。落語ききに寄席にもよく行きました。

青山二郎さんのところには、やっぱり行きました。以前ほど頻繁じゃなかったけど、青山さんや、その仲間の連中とも、親しくつき合いました。あのころ、その連中がよく集まっていたのは、魯山人が経営していた恵比寿《えびす》の目黒茶房という店でした。支配人はのちに骨董屋になった秦さんという人で、その奥さんがそこでお茶を教えておられました。私もお茶を習いに行きはじめ、そこでも青山さんたちとよく会っておりました。

あのころ『草履を抱く女』など発表して、女流作家として売り出していた人に、真杉静枝さんという人がいました。武者小路さんの愛人だったころから、私は真杉さんを知っていましたが、真杉さんに目黒茶房で出くわしたとき、私はみんなのいる前で、「あなたたかなかうまくなったわね」といったんです。私はそういっても、けっして悪気はありませんでした。けど、相手のプライドを傷つけたようで、そばにいた青山さんから、「そんな失礼なものの言い方するなよ」と叱られました。そんなもののいい方がいつまでたっても改まらなくて、私も困ったことありました。反面、私はいつでもそんなふうにざっくばらんだったから、多くの人と幅広いおつき合いができたと思っております。

追悼

ホラホラ、これが僕の骨だ、
生きてゐた時の苦労にみちた
あのけがらはしい肉を破つて、
しらじらと雨に洗はれ、
ヌックと出た、骨の尖《さき》。

それは光沢もない、
ただいたづらにしらじらと、
雨を吸収する、
風に吹かれる、
幾分空を反映する。

生きてゐた時に、
これが食堂の雑踏の中に、
坐つてゐたこともある、
みつばのおしたしを食つたこともある、
と思へばなんとも可笑《おか》しい。

ホラホラ、これが僕の骨――
見てゐるのは僕？　可笑しなことだ。
霊魂はあとに残つて、
また骨の処にやつて来て、
見てゐるのかしら？

故郷《ふるさと》の小川のへりに、
半ばは枯れた草に立つて、
見てゐるのは、――僕？
恰度《ちょうど》立札ほどの高さに、

骨はしらじらととんがつてゐる。

（中原中也「骨」）

中原は文也という子が生まれてからは、あんまり出歩かなかったようです。前にもそんなときあったけど、中原は外出しなくなれば、ずうっと家にこもっているようなところがありました。子供が亡くなったからでしょうが、中原はなんでも一所懸命になると徹底するので、死んだ子供のことを思いつめ、今度は自分のほうの神経がまいってしまったんでしょう。

そのころ、私は中原に会っていませんでしたが、青山さんのところへは出かけていたから、中原の噂は聞きました。なんでも中原は子供が死んだのを悲観して、テーブルの上にざぶとん置いて拝んでいるというのでした。これはまたどうしたことかなと思っているうちに、どこかの療養所に入っているとか、鎌倉で住みはじめたとか、そんな消息だけは聞こえてきました。

中原が鎌倉で、どんな生活をしていたか、こまかいことは知らないまま、私は私でしなければならないことが多かったから、あんまり中原のことなど考えてみませんでした。そんなある日、中原の身体は衰弱してしまって、鎌倉の養生院に入院したと聞きました。それもかなり悪く、危篤状態だというのです。

私は中垣と一緒に、急いで鎌倉の中原を見舞に行きました。病院に着いたときは酸素吸入をしておりました。中原はその酸素吸入だけで生きていたような状態だったから、私が見舞に行ったのもわかりませんでした。

中原のお母さんや、奥さんがそばにおられ、ほかにも何人か病室に入っていたから、私は遠くから中原を見ただけで帰りました。

中原の意識はもうなかったようだけど、手を横にふっていました。誰かが「字を書いているみたいだ」といっていました。

私が中原を見舞って帰った翌日の十月二十二日に、中原は亡くなりました。その死を知らせてくださったのは、大岡昇平さんだったと思います。私は中垣と一緒に、告別式に出るため鎌倉へ行きました。

告別式は十月二十四日、鎌倉の寿福寺で行なわれました。そこには私の知ってる人も多く来ていて、かなりの参列者でした。いよいよ、お焼香するときになって、私はワァーと泣き出してしまいました。その泣き方が激しかったから、まわりの人はびっくりされたにちがいありません。

そばにいた茂樹は、私が急に声をあげて泣き出したもんだから、びっくりしてしまって、私にだきついてきました。あの子にはなんのことだかわからないけど、おびえたように私にまつわりついてきました。そんなとき、あの子を抱きかかえて思いいれでもすれば、新派の芝居みたいで、みんなの同情をかったかもしれませんけど、ほんとに泣くときは、そんな余裕などありません。私はまつわりつく茂樹を払いのけたのです。

「邪険なことする女だよ」

誰かがそれをみて、私のことを非難しましたが、そんなことにかまわずに、私は泣きました。中原が生きていた間は、よく喧嘩《けんか》しました。私は中原が親切を尽くしてくれるのをかえってうるさがることも多くありました。だけど中原に先だたれてみると、やっぱり悲しく思いました。

告別式が終わったあとも、その場所をすぐには引きあげられませんでした。私は鎌倉の駅近くの牛肉屋にあがって、お酒を飲みました。もちろん、一人ではありません。小林や青山さん、ほかにも数人いました。

ほかのみんなも、気持は私と同じだったと思うんです。だから、さっさと帰れず、牛肉屋で飲むことになったんでしょう。みんなのつき合いは、同じ一家のものみたいで、ほんとに腹わた出してつき合ったといえるのです。

青山さんも中原が死んだのを、ほんとに悲しく思われていたんでしょう。そんなときには、人間はかえって毒づくものかもしれません。青山さんは私に、「おまえが死んだら、ここにいる連中ぐらいは葬式に集まるんだろうよ」といわれていました。そのうえ念をおして、「中原の告別式に集まった連中じゃないよ、ここにいるわれわれだけだよ」といわれました。
（小林秀雄氏はこれまでに、中原中也のことをほとんど書かれていない。そのため小林氏と中原との関係で、なお明らかでない部分が多い。だが、近代文学史の上で、二人とも重要人物として残った現在、いずれは文学研究者の手によって、二人の関係が解明される日がくると思う。ところで、二人の関係を示す唯一に近い文献として、小林氏の書いた「中原中也の思ひ出」という一文がある。この文章は中也に興味をもつ人にはよく知られた一節だが、ここでそれを引用させていただく。編者）

私は中原との関係を一種の悪縁であつたと思つてゐる。大学時代、初めて中原と会つた当時、私は何もかも予感してゐた様な気がしてならぬ。尤も、誰も、青年期の心に堪へた経験は、後になつてから、そんな風に思ひ出したがるものだ。中原と会つて間もなく、私は彼の情人に惚れ、三人の協力の下に（人間は憎み合ふことによつても協力する）奇怪な三角関係が出来上り、やがて彼女と私は同棲した。この忌はしい出来事が、私と中原の間を目茶苦茶にした。言ふまでもなく、中原に関する思ひ出は、この処を中心としなければならないのだが、悔恨の穴はあんまり深くて暗いので、私は告白といふ才能も思ひ出といふ創作も信ずる気にはならない。驚くほど筆まめだつた中原も、この出来事に関しては何も書き遺してゐない。たゞ死後、雑然たるノートや原稿の中に、私は「口惜しい男」といふ数枚の断片を見附けただけであつた。夢の多過ぎる男が情人を持つとは、首根つこに沢庵石でもぶら下げて歩く様なものだ。そんな言葉ではないが、中原はそんな意味のことを言ひ、さう固く信じてゐたにも拘らず、女が盗まれた時、突如として僕は「口惜しい男」と変つた、と書いてゐる。が、先はない。「口惜しい男」の穴も、あんまり深くて暗かつたに相違ない。

中原が死ぬ前に、小林に託した詩の原稿は、『在りし日の歌』というのです。これはまるで遺言みたいな題名だなと思いました。もちろん、それが出版されたときに詩を読みました。その以前には『山羊の歌』も読んでいましたから、それらの詩も思い出しながら、中原がどんな心境で書いたか想像してみました。

私はあのとき、どのように感じながらひとつひとつの詩を読んだか忘れましたが、中原の生涯のなかに、運命みたいなものを見た思いがするのです。そうした運命を、中原は詩というひとつの象徴にしたのじゃないんでしょうか。たとえば、私のことをうたうにしても、息子のことをうたうにしても、すべて運命のなかで、とらえているんですね。いいかえれば、自分の運命的な苦行として、私たちのことをうたったと思うのです。

私などが中原の詩について、とやかくいわないほうがいいと思いますが、読んでいると、いや味に感じる詩もあります。中原が死というものを想定してうたう詩などは、私は映画の悲劇的なもの連想するのです。ピーヒョロロ、ピーヒョロロと音楽でも聞こえてきそうな気がするときもあります。

中原の詩を俗っぽいものがあるといってはいけないと思いますが、田舎っぺなところがあると思うんです。中原はそんな感情を好んで出しっぱなしにするのですが、私はそこんところが好きになれません。私の理解を越えるなにかがあるんだと思ってもおりますけど、中原の田舎っぺ的なところは、私の好みに合いませんでした。

中原が死んだとき、私にとって中原とは何んだったのか、と考えたことありました。そのころ、『文学界』が中原の追悼号だすので、なにか書けといわれ、それで私は「酵母の詩」というのを書きました。それがたいへん感覚的な詩になって、人にわからないものになりました。原稿は送ったけど、そんな詩は追悼号にふさわしくないというので、掲載してもらえませんでした。

私が「酵母の詩」というの書いたのは三十六、七年も前になるんですから、詩句のこまかいことは覚えておりません。要するに、私がその詩でいいたかったのは、中原はたとえば〝酵母〟なんだということでした。酵母というのはものをつくるときのもとになるものです。つまり、ものの源泉ともいえるんです。文学をやる人って、たいていそんなところあるけど、中原はとくに内から湧きあがってくるようなものをもってた人でした。

喧嘩しながらでも、私が中原から離れていかなかったのは、重要な何かを育てるもと、源泉をもってる人と思ったからです。それを私は中原をふくめたグループでみるとき、思想の里というんですが、そのなかでも重要な酵母である中原を失ったことが悲しい、と私は詩につくったのです。

中原の亡くなる前のしばらくは、あんまり親しくつき合っておりませんでした。その意味で、中原という酵母はだんだん古くなっており、私には中垣という新しい酵母ができていたわけです。もちろん中原が死んだということは悲しい出来事でしたけど、中原だけにすがって生きていなかったから、いつまでも嘆くということはしませんでした。

中原が死んでしばらくして、中原中也賞をつくろうということになりました。誰がいいはじめたか知りませんけど、お金は中垣が出しました。しかし、中垣は肝の小さいところがあって、あんまり多額の金をよう出さず、それがただの二百円だったから、私は恥ずかしいと思いました。河上さんにそのことといったら、「いいんだよ、そんなことは」といわれました。

第一回の中原中也賞は、立原道造さんでした。立原さんはその賞をもらわれてまもなく亡くなられたんじゃないでしょうか（昭和十四年三月二十九日没。編者）。だから、授賞式には見えられませんでした。

中原中也賞の授賞式場は、本郷でなんという家だったか忘れましたが、そこに十五、六人集まって、授賞式をしました。私もそこに出席しましたけど、当時としても文学賞として小さいもので、あんまり社会的に話題にならなかったように思います。

その賞のお金を出したのは中垣だったから、はじめに中垣が挨拶《あいさつ》しました。出席していた中村光夫さんが、その挨拶を聞いていて、なかなかいい話ちゃんとする、と中垣のことほめていました。「文学やる奴はそうでないけど、彼の意識過剰じゃないところがいいんだ」と、私にいわれたの覚えております。

あのとき、河上さんも来られていたと思いますが、ほかは私とはつき合いのない詩人の方が多かったようです。ビール飲んで、会は解散しました。

もちろん、中原中也賞というのは長く続けるつもりでしたが、いろんな社会情勢の悪化と、中垣の事業のほうの不振とで、その後はやめてしまいました。中原中也賞はすぐつぶれたけど、中原の真価が問われはじめたのは、それから後のことでしょう。いろんな人が中原の詩を認めはじめました。山岸光吉さんなども、中原とつき合ってたときは、彼の偉さがわからなかったといっておられました。とにかく、中原が何をいってるんだか、あのころはわからなかったが、「おれはやっとわかったよ」と、中原のことといわれておりました。「中原はやっぱり天才だったんだよ」ともいわれたことありました。

そのことは中原と親しくつき合った人でも、案外あとから気づいたようでした。

述懐

老いたる者をして静謐（せいひつ）の裡（うち）にあらしめよ
そは彼等こころゆくまで悔いんためなり

吾は悔いんことを欲す
こころゆくまで悔ゆるは洵（まこと）に魂《たま》を休むればなり

あゝ　はてしもなく涕（な）かんことこそ望ましけれ
父も母も兄弟《はらから》も友も、　はた見知らざる人々をも忘れて

東明《しののめ》の空の如く丘々をわたりゆく夕べの風の如く
はたなびく小旗の如く涕かんかな

或《ある》はまた別れの言葉の、こだまし、雲に入り、野末にひびき
海の上《へ》の風にまじりてとことはに過ぎゆく如く……

反歌

あゝ　吾等怯懦《きょうだ》のために長き間、いとも長き間
徒《あだ》なることにかゝらひて、涕くことを忘れゐたりしよ、げに忘れゐたりしよ……
（中原中也「老いたる者をして」）

中原は私に、「おまえは三十になると、きっと信仰に入るよ」と、よくいっておりました。そんなとき、私は「信仰になんか入らん」といつも否定していました。

中原が死んだのちも、私は信仰なんかに興味なくて、まったく浪費の生活をつづけました。興味のわく遊びなら、たいていやったと思います。ゴルフにこったときは、田園調布から千葉の我孫子《あびこ》にあったホーム・コースまで、ゴルフに出かけていました。それも戦争中だったんだけど、タクシー使って行くわけです。ガソリン制限で、タクシーが動かなくなるまで、私は我孫子までよく行きました。

日本の負けいくさがだんだんはっきりし、物資はとぼしくなっていましたが、私は可能

なかぎりぜいたくしました。中垣はちょっとしまり屋のところがありましたので、かえって私が浪費していたのかもしれません。それでも、どうということないくらいの収入はありました。

私はあまりによい環境のなかに入ると、いつでも潔癖症が頭をもたげます。小林のときもそうだったんだけど、中垣と一緒の生活でも、潔癖するようになりました。私は甘えた気分のなかで、だんだん自分を見失っておりました。

昭和二十年八月十五日は終戦の日でした。私はその日まで、相変わらず浪費の生活をつづけていましたが、敗戦で何か目覚めたような気になりました。どこかで大きな衝撃がないと、私の感情はどこまでも流れっぱなしになるのです。その意味で、敗戦は私にとって転機になりました。

これまで宗教的なものと縁のない生活でしたが、私は信仰をもとうと決意したんです。中垣の会社のほうも、これまでと違っていろいろ難しくなっていました。このまま潔癖症だなどと甘えていてはいけない、信仰をもって人間を変えなきゃと思いたちました。

私が世界救世教に入信したのは、終戦の年の十二月二十八日でした。救世教は小林と一緒にいたときに、一度すすめられたことありましたが、今度は自らすすんで入信したわけです。

私は三十歳で信仰に入る、と中原から予言されておりましたが、約十年遅れの四十一歳で、中原のいう通りになりました。生前の中原は、私にそんな予言めいたことというし、人にもいろいろいっておりましたが、何年か後に、不思議と実現していきました。

中原が亡くなる前の数年間、私たちには頻繁な行き来はありませんでした。その死後も、私は自分のことで忙しく、中原のことなど、あまり思い出すことありませんでした。だけど日本が戦争に敗け、それをきっかけに信仰の世界に入ってみると、中原がいってたことが、だんだんわかってくるような気がしてきました。

改めて中原のこと考えてみることありますが、早くから中原のことがわかっていたのは、やっぱり小林だったと思います。小林が戦後「中原中也の思ひ出」という文章を雑誌に書きました。私はそれを読んで、中原のことがよく表現されていると思いました。

(ここで長谷川泰子さんのいう、小林氏の文章を参考として引用し、小林氏と中原との二人の間柄についてさらに長谷川さんの話でつないでいきたい。編者)

晩春の暮方、二人は石に腰掛け、海棠の散るのを黙つて見てゐた。花びらは死んだ様な空気の中を、まつ直ぐに間断なく、落ちてゐた。樹陰の地面は薄桃色にべつとりと染まつてゐた。あれは散るのぢやない、散らしてゐるのだ、一とひら一とひらと散らすのに、屹度順序も速度も決めてゐるに違ひない、何といふ注意と努力、私はそんな事を何故だかしきりに考へてゐた。驚くべき美術、危険な誘惑だ、俺達にはもう駄目だが、若い男や女は、どんな飛んでもない考へか、愚行を挑発されるだらう。花びらの運動は果てしなく、見入つてゐると切りがなく、私は、急に厭な気持になつて来た。我慢が出来なくなつて来た。その時、黙つて見てゐた中原が、突然「もういいよ、帰らうよ」と言つた。私はハッとして立上り、動揺する心の中で忙し気に言葉を求めた。「お前は、相変らずの千里眼だよ」と私は吐き出す様に応じた。彼は、いつもする道化たような笑ひをしてみせた。

二人が海棠の散るのを見たのは、中原が亡くなる年の春なのです。そのときは、鎌倉で療養していたときだから、身体のほうはかなり弱っていたんでしょう。中原が「もういいよ、帰らうよ」というと、小林が「お前は、相変らずの千里眼だよ」というところ、まったくあの通りだと思いました。そのあと、中原がピエロのような恰好《かっこう》して道化るのは、あの人の照れなのです。

中原の人づき合いの凄絶《せいぜつ》さみたいなものがよくいわれ、私もそれを強調しすぎたかもしれません。けれど、中原の神経はむしろ細かったというほうがいいでしょう。道化て見せるのなどは、神経の細いところがあるからだと思うんです。

私の人づき合いというのは、いつもざっくばらんで、中原と一緒のときでも、とくに彼を意識したふるまいなんかしませんでした。無邪気なつき合いとでもいうんでしょう。中原は私のそんな態度に腹をたてたこともありました。

「普通、無邪気っていうのはただの無邪気で終わるんだろうが、おまえの無邪気は罪だよ」

中原はいつでも旦那《だんな》気取りでいたもんだから、私が誰にでも同じ態度で接するのを、こういっていました。あの人の神経の細いところが、こんなことばにもなったんでしょうが、私はそれに反発したから喧嘩《けんか》のたねがつきなかったんだと思います。

人間づき合いのなかで、神経が細いというのは良し悪しですが、それがデリケートな感覚にもなるわけです。小林が「おまえは、相変らずの千里眼だよ」と書いているように、中原はものの核心をついて、ピタッといい当てることがありました。それを相手が気がついて感心なんかすると、あの人は照れていました。

中原の詩を読むと、照れているというのかな、道化たところがあるんですが、その背後には真実が隠されていると思うのです。生前、いつも喧嘩ばかりしていたときは、そうも思わなかったけど、信仰に入ってみると、中原のいってたことがわかったところもありました。狭い枠のなかでとらえるんでなく、無限の宇宙のなかで考えていくと、私なりに中原のことがわかりました。

長い戦争が終わると、社会はガラッと変わりました。中垣のやっていた会社は、財産を没収され経営はまったく不振に陥りました。おりからの悪性インフレで、昭和二十一年二月は新円切り替えとなり、預けてあった銀行預金は全部封鎖されて、月々五百円しかおろすことができず、それで暮らしをたてていかなければなりませんでした。

物価は倍々式に急上昇し、日雇労務者の一日の賃金が二百四十円と決められていたころでした。だから、一ヵ月を五百円で生活するというのは、まったく切り詰めなければなりませんでした。私が入信した世界救世教というのは本部が鎌倉にあったんですが、そこまでお参りに行くこともできません。幸い品物は焼けなかったので、それらを売って、鎌倉の本部へお参りに行っていました。

はじめは神経衰弱を治そうと、救世教に入信したのだけど、それについ凝ってしまいました。私は一途に信仰の生活をつづけたいため、田園調布の家を売り鎌倉に移住しました。そのとき中垣にも一緒に行ってほしいといったんだけど、会社が非常の事態だからといって、彼は会社のほうで寝泊まりすることにしたのです。私は茂樹を連れて鎌倉に別居しました。

中垣は月々の決まった生活費をもって来てくれましたけど、そのお金ではやっと生活できるくらいです。それでは信仰の生活はつづけられないから、田園調布から持って行った品物をぼんぼん売って、お金に替えていました。小林は鎌倉に住んでいて、私のそんなやり方知っていたから、こういったことありました。

「そんな不経済なことしたらダメじゃないか」

小林にいわれるまでもなく、私の鎌倉での生活は三年とつづきませんで、もうみんな売りつくしてしまいました。といって、中垣のところに帰るわけにもいかないので、私はあちこち転々とする生活をはじめたわけです。

実をいうと、中垣は私と別居中に新しい女性と一緒に住んでおり、私の居る場所はもうなくなっていました。私が妻としての役割を果たさなかったんだから仕方なかったんだけど、中垣はそれでもかなりの間、生活費のほうだけはみてくれていました。

信仰の方はいよいよ熱が入り、私は二年間、本部のほうに住みこんで修行しました。私が修行をおえて山を降りたときは、五十五歳になっていました。会社なら定年の年なんでしょうが、私はその年から自分一人で生きてみようと考えました。ルンペンやってみようかなとも思ったけど、それもむずかしいから、ビル管理人になったんです。

中原の弟の思郎さんが一度、私を訪ねてみえたときがありました。兄貴の恋人だったというので来られたと思うんですが、私の境遇をみて、こういわれました。

「あんたも落ちるところまで落ちたね」

「とんでもない。私はいままで本当に働いたことなかったけど、働きながら自分一人で生きていけるようになりました。それが、とってもすばらしいことのような気がするんです」

私が即座にこういうと、中原思郎さんは感心して「えらいことというね」といわれました。

私はビル管理人として、十二年半働きました。朝早く目覚めると屋上に出て、鳩に餌をやりました。一人ぼっちの生活でしたが、鳩を毎朝ながめながら、来し方六十年の思い出を反芻《はんすう》したり、中原の詩を読んで涙を流すこともありました。中原のことは大岡昇平さんが長年書きつづけられたから、読者がふえていったのでしょうが、そこに書かれた私は、男から男に移った女のように描かれていて、どうも気まりが悪いんです。確かに中原と同《どう》棲《せい》し、小林と一緒に住んだりで、気ままに過ごしましたが、正直いうと気ままに過ごさざるを得なかったというのが私の人生でした。だけど中原ファンは大岡さんの著作だけを読んで、詰問してくることもあるのです。ときには熱烈なファンによって脅かされることもありました。

あるとき、中原みたいに純粋な人を捨てた女が憎い、という青年が現れました。はじめの数日は、私が管理しているビルの前を行ったり来たりしていたので、直感で、中原ファンじゃないかと思いました。案の定、私が外に出ると、そのあとをつけてきました。夜になると電話かけてくることもあり、その後は手紙もよこしはじめました。

はじめのうちは、ただのファンと思っていましたが、次々に来る手紙はだんだんこわい文面に変わっていきました。中原を捨てたおまえは許せない、殺してやるとか、塩酸投げつけてやるとか、いろいろ書いてよこしました。そのうち具体的に、どうやって殺すんだなどと書いて来はじめると、私はほんとうにこわくなりました。

青年はビルの内部もよく調べたようで、三階のトイレのなかに隠れていて、夜中におまえを殺してやる、などと書いておりました。私は気味が悪くて、ビルの出入口を閉める前には、長い棒を使ってトイレの戸を開けて、ひとつひとつ中をのぞいて、誰もいないことを確かめていました。私には中原ファンとわかっていたから、ただのおどしとは思ってみても、神経質なので疲れてしまいました。

そのうち、私が脅えているのを会社の人が知り、警察に届けたんです。警官が私のところにやって来て、証拠の手紙をもって行き、そこに書いてある差出人の住所を調べたら、青年はほんとうの住所を書いていたらしいんです。早速、その青年は母親と一緒に中央警察署に呼ばれ、きびしく説諭されました。私もそのときに警察署に行きましたが、その青年のお母さんは「どうも中原中也に夢中になってとんだ迷惑をおかけしましたが、どうぞお許しください」といわれました。もちろん青年は熱烈な中原ファンということで、無罪放免になりました。そんなこととときどきあって、私のほうは中原となかなか縁が切れません。

中原と関係のあった女ということで、私の身辺にまで興味を示す中原ファンは跡をたたないようで、ときには鍵《かぎ》をこじあけて、部屋のなかを覗《のぞ》かれたこともありました。そんなことで被害をこうむることもあり、中原とはいつまでも良縁でもあり、悪縁があるとも思っております。

私はビル管理人の後、ホテルの帳場に半年ほどすわり、その仕事も一年余り前にやめて、いまは一人静かに暮らしています。気ままに過ごした人生も、七十年を迎えました。私にはいつまでたっても安心立命の世界は得られないかもしれませんけど、中原の予言より十年遅れて入った信仰の道に、いまは心の安定を求めようとしています。よく口ずさむ「如《い》何《か》ならむ教を説くも詮《せん》なけれ　奇《き》蹟《せき》なければ人諾《うべ》なはし」という御賛歌を心の糧とし、私は生きていきます。

解説

長谷川泰子さんが中原中也と同棲《どうせい》し、のち小林秀雄氏のところへ去って行ったことは、よく知られた事実である。それは三角関係ということで、ゴシップ的に扱われやすいため、いろいろ取沙汰《とりざた》されてきた。だが、その真相に触れたいきさつについては、当事者があまり語っていないため、やはり推測に頼る部分が多かった。事が事だけに、それも無理からぬことかもしれないが、詩人中原中也の研究が細かいところまでいった現在、ただゴシップ的風聞にとどめておくのも、やはり心残りと考えるのは、わたし一人でないと思う。

もちろん三人の関係について、すぐれた追究がないわけではない。まずあげられるのが、大岡昇平氏の数十年にわたる持続的な仕事であろう。それを一本にまとめて出版されたのが、『中原中也』（角川書店）で、それを読むと、三人の関係がわかるようになっている。

中原は京都の立命館中学在学中、長谷川さんと知り合って同棲した。その後、二人は上京して中野の借家に住んでいたころ、小林秀雄氏との交友がはじまった。たとえば、小林氏が長谷川さんにいったという「あなたは中原とは思想が合い、ぼくとは気が合うのだ」

のことばが、そのころの状態をよく示している。いつか三人の間には、いわば奇妙な関係が出来あがっていた。

あるいは、それに決着をつけるため小林氏と長谷川さんは、二人だけの大島旅行を約束したが、彼女はそれを果さなかった。そのため二人の仲は、それで終わったはずだったが、その直後、小林氏は盲腸炎のため京橋の泉橋病院で手術を受けた。しばらくたってそれを知った長谷川さんが小林氏を見舞って、そのとき二人は一緒に住む約束をしたのであった。そのあたりの事情についてはなかなか微妙なものがあるが、たとえば大岡氏の見解はこうである。

病気というシチュエーションが、二人を再び結んだと中原はいっていたが、通俗小説を空想するのは、中原の中の「口惜しき人」のさせる業である。ここにあるのは、単に泰子が遂に男を替えたという事実だけである。

泰子は私にとっても友人であるし、メロドラマの「悪魔のやうな女」だなんて、夢考えてはいけない。何なら中原に従って「非常に根は虔しやかであるくせに、ヒョットした場合に突発的なイタヅラの出来る女」と思ってよい。

しかし、一体女が男を替える理由が判然としていることがあるだろうか。今日の泰子は京都時代の十七歳の中原は優しい叔父さんみたいなもので、全然恋愛じゃなかったといっているし、小林の場合にも恋愛はなかったと明言している。

二人の男が一人の女を争う場合、いずれ大差はないのだから、女はどっちかへつく。小林が盲腸炎にならなくても、泰子が小林と結びつくことは、それが実際にそうなった以上、必然であったのだ。それが事件というものなので、深淵はそのまわりにいくらでも好きなだけ拡がるのである。


示唆に富んだ文章である。大岡氏は小林氏と親交があり、中原もよく知り、長谷川さんと友人であった関係からいえば、確かにこういう叙述になるのかもしれない。当事者が事実をあまり語っていないのだから、そのこと以上に書かないのが、親友としての立場なのだろう。大岡氏にとって、この事件は「単に泰子が遂に男を替えたという事実だけ」と見ることで、叙述を進めても、けっして見誤ることのない背景がある。

しかし、わたしにとっての中原は、ただ遺された作品だけが頼りで、それよりほかの事実などは何も知らないのである。それでなお中原について考えていこうとする場合、はたしてどういう方法が成り立つだろうか。

わたしは一昨年、中原フクさんからの聞き書き、『私の上に降る雪は――わが子中原中也を語る――』を編んだ経験がある。あのときは九十五歳という中原中也のお母さんに出会って、その感覚のみずみずしさと、鮮明な記憶力にひかれて、自然に中原中也の聞き書きを取りたいとお願いしたのだったが、今考えてみると、わたしにとってあの仕事は、ただ事実を追うことが中心であったような気がする。

もちろん出版を前提の聞き書きだから、それなりの制約はあったが、わたしの興味は中原中也が時代のなかで生きていることとの事実を、まざまざと知ることであった。たとえば中原フクさんにとって、中也はある時期から常に肝《きも》やき息子として存在していた。肝やき息子とは、親の肝をジリジリやかせる不孝者の意の長州方言だが、中也にとってもそれは認識するところであった。そんなことは中原と親交あった人なら、とっくにわかった事実であるかもしれないが、その時代に生きていない者には、どうにもその事実は思い出しようがないのである。

中原の詩に「帰郷」という詩がある。その一節は山口市湯田温泉の生家近くにある詩碑にも刻まれて、よく知られている。

　これが私の故里《ふるさと》だ
　さやかに風も吹いてゐる
　　心置《としま》なく泣かれよと
　　年増婦の低い声もする

あゝ　おまへはなにをして来たのだと……
　吹き来る風が私に云ふ

普通、母のフクさんは息子の詩を読むと悲しいので、ほとんど読まれないらしいのだが、詩碑になっているから自然頭に浮かぶらしく、その詩の感想を「中也はたいした人間にもようならず、自分でつまらない人生を送っているという気持があって、ああいうのを詠んだんでしょう」と語られたことがある。つまり、肝やき息子も、口惜しさは十分にもっていたというのである。

口惜しいということでいえば、なには置いても長谷川さんが中也のもとを去って行ったときが一番であろう。そのことについては、中原に「我が生活」という悲痛な記録があることはよく知られている。そのなかで、彼は「とにかく私は自己を失つた！　而も私は自己を失つたとはその時分つてはゐなかつたのである！　私はたゞもう口惜しかつた、私は『口惜しき人』であつた」と書いている。あるいは、この口惜しさなども影響して、のち「帰郷」の詩作が成ったというのは、あまり性急な見方であろうか。

もちろん、わたしは長谷川さんが中原のもとから去って行ったときの口惜しさと、「帰郷」の詩を単純に結びつけようなど思っていない。ただ、泰子さんが中原のもとを去って行った事実によって起った状況変化で示す中原の心理動揺に、わたしは興味を持つのである。そのなかに確かに見えた中原の口惜しさというものが、あるいは生来のものではなかったか、そんなことを想像しているのである。

わたしは『私の上に降る雪は』を編んだことで、中原中也に新たな興味を持つことになった。その一つが、彼の口惜しさということだが、これを探るには、その原因を作った長谷川さんの話を聞くのが一番いい。そうと決めると、わたしは早速手紙を書いて会見を申しこんだ。こうして、わたしは横浜に住んでおられる長谷川泰子さんを、時々お訪ねするようになった。

長谷川さんのことは、ここで改めて紹介する必要はなかろう。むしろ本書では中原とあまり関係ない生い立ちについても、かなり詳しく書かれてある。広島女学校は長谷川さんの母校で、中原はその幼稚園に通ったことがあったが、そのことについてのお互いの思い出話はなかったという。とすると、中原は長谷川さんの生い立ちもあまり興味を示さなかったに違いない。だが、彼女の日常のなかに、かつて母におびえたような仕草が時に現れれば、中原にとって、それは特殊な時間を共有することになっていたかもしれない。

中原の詩の数篇は、明らかに長谷川さんのことがうたわれている。そのうち「無題」という詩のなかでは、たとえばこう書かれている。

彼女の心は真つ直《すぐ》い！

彼女は荒々しく育ち、
たよりもなく、心を汲んでも
もらへない、乱雑な中に
生きてきたが、彼女の心は
私のより真つ直いそしてぐらつかない。

彼女は美しい。わいだめもない世の渦の中に
彼女は賢くつつましく生きてゐる。
あまりにわいだめもない世の渦のために、
折に心が弱り、弱々しく躁《さわ》ぎはするが、
而《しか》もなほ、最後の品位をなくしはしない
彼女は美しい、そして賢い！

嘗《かつ》て彼女の魂が、どんなにやさしい心をもとめてゐたかは！
しかしいまではもう諦めてしまつてさへゐる。
我利々々で、幼稚な、獣《けもの》や子供にしか、
彼女は出遇《であ》はなかつた。おまけに彼女はそれと識《し》らずに、

唯、人といふ人が、みんなやくざなんだと思つてゐる。
そして少しはいぢけてゐる。彼女は可哀想だ！

詩をあまり事実の側に引き寄せるのもどうかと思うが、これは中原の念頭に長谷川さんのことがあって作られた詩に違いない。その他、中原の詩を読みすすめて行きあたるのは、その背後にある事実である。

はたして中原が生きた時代を知らない者にとって、中原の詩をどうよんでいくか、ほかに方法はあるかもしれないが、いまは事実にかかわって、わたしは中原が詩によんだ長谷川さんを知りたいのである。

本書はそういう意味で、長谷川さんの生涯におよびながら、そのなかでとらえた中原というのを中心としている。これはもともと、わたしの発案で、あらかじめ準備したこちらの質問に応じて、長谷川さんに思い出を語ってもらった。長谷川さんは中原のことについて、別にまとめてみたいというご希望があるようで、あるいは細かい心理の襞《ひだ》のようなものは、そのとき書かれるということで、ここではやはり出来事を中心に追った聞き書きとなった。

本書成立の過程をもうすこし詳しくいえば、昭和四十九年二月十九日、その第一回の聞き取りは、録音テープ約二時間分である。第二回は二月二十二日、テープ約二時間分。いずれも、わたしが長谷川さんを訪ねて進行させた。三月八日から十日までは、長谷川さんに都内に宿泊所を決めてもらって、三日間集中的に、その思い出を語ってもらった。録音テープになおすと、約八時間の分量である。

次は録音テープをそのまま書きことばになおして、七百枚くらいの草稿を得た。それをもとに、わたしはなお取材の足らぬところは長谷川さんに問い合わせ、無駄な部分を省いて三百枚余りにまとめたのが本書である。なお本文中に、中原の詩を多く引用したが、かならずしも内容と直接関係させようと努めなかった。それはそれで自立したもので、長谷川さんの話に無理に関連づけないほうがいいかもしれない。

最後に本書を編むにあたっては、多くの人にお世話になった。とりわけ大岡昇平先生の仕事がなければ、本書は成立しない質のものだが、その上なにかと貴重な示唆をいただいたのはありがたかった。中原の詩を引用することでは中原思郎氏にお世話になった。

講談社では、企画の段階で、有木勉、松井勲氏に、編集一切は矢野晃一氏にお世話になった。ここで、厚くお礼を申しあげる。

昭和四十九年初秋

村上　護

文庫のための解説

村上　護

昭和の文壇において光彩を放った一群がいた。その中でも特異な存在の一人は中原中也でなかったか。一時期は彼に興味をもち、あれこれ縁もあって中也に関する本を数冊出した。最初が中也の実母である中原フクさんの聞き書き。二冊目が本書、長谷川泰子さんである。その後は中也を含めた青春群像を描くべく『阿佐ヶ谷界隈』『四谷花園アパート』の二著を出版。最後は『中原中也の詩と生涯』で、一九七三年から七九年の六年間に書いたものだ。

いずれも私の三十代の作品で懐かしい。特に長谷川泰子さんの思い出は忘れがたいことが多く、印象も鮮明に甦《よみがえ》る。本書『ゆきてかへらぬ　中原中也との愛』は三十二年前の本だから忘れていたことも多い。改めて読み、その肉声が聞こえてくるようでうれしくもあり哀しくもなって複雑な心持だ。

長谷川さんは底抜けに無邪気で純真な人だった。ちょっと略歴を紹介すれば、明治三十七年（一九〇四）広島市の生まれ。広島女学校を卒業後、女優を夢見て十八歳のとき家出して上京。京都で中也と知り合い、再び上京して杉並区高円寺で同居後、小林秀雄と同棲《どうせい》。これはいわば三角関係というべきだが詳しくは本書で読んでもらえばいい。その他、若き芸術家たちとの交遊もあり、いつも男たちからちやほやされる存在であった。

私が長谷川さんから話を聞きながら感じたことは、彼女が語りたかったのはいわゆる通俗の男との話じゃないんだ、ということだった。機会あるごとに強調したかったのは、次のような内容だ。

「私はよく誤解されるけど、男とか女とかいうんで付き合ってたんじゃない。人間を懐かしむって気持はだれにもあるでしょう。それを普通は日常ごとで、さらっと流して生活しているけど、彼らはそうでなかった。もっと深いところを考えるわけ。それが思想というんでしょう。そんな生き方をする人とは、最初からわだかまりなく付き合えるんですよ。そういう人物に出会って付き合うこと、それが私の安住の地であったのかも……」

私が長谷川さんを知ったのは三十二歳ころだ。彼女は六十九歳ころか。聞き書きを一冊にまとめるのは、集中すれば数ヵ月の仕事である。けれどこれだけで終わらなくて、以後しばらくは長谷川さんとの思想の里めぐりがはじまるのだ。

本書においても「思想の里」として一節を設けておいたが、何事も日常ごとで片づけないで、深く思考する人たちが文学者だ。彼らは思想を育ててきた集まりで、いってみれば彼らのグループこそ思想の里だと長谷川さんはいう。あるときは「ジィちゃんのところに一緒に行こう」と私を誘う。はじめはジィちゃんが誰だか分らない。連れて行かれたところは泣く子も黙る青山二郎の原宿のマンションだ。まさか青山氏に会えるとは思えなかったが、二度ほど訪問した。

当時、長谷川さんは横浜市保土ヶ谷に住んでいて時々東京にやって来る。私は渋谷に住んでいたが、狭苦しい拙宅に泊まることもあった。ここを根城に思想の里めぐりだ。杉並の永福町には中川一政氏の家があり、そこも訪ねた。河上徹太郎氏は小田急線の柿生に住んでいて、私は何度か訪問しているが、長谷川さんと一緒のときはない。うまく連絡がつかなかったか。彼女を広島から連れ出して上京した詩人の永井叔さんには、二人で会いに行ったことがある。その他、本書に出てくる中也と縁の深い人たちに会えたのは、長谷川さんと同行しての場合も多々あった。小林秀雄氏には河上徹太郎氏の葬式のとき一度だけ会った。「おお、君か」と一言だけ声を発せられ、「よろしく」といわれたのを思い出す。何を「よろしく」といわれたのかはよく分らなかった。

長谷川さんの思想の里めぐりは、托鉢《たくはつ》でもあったようだ。本人も托鉢だと語り、上京して、我が家に滞在していると、大岡昇平氏から電話が掛かってくる。誰かが連絡したか噂を流したためだろう。大岡さんは気の毒がって、「あんたにばかり迷惑かけるわけにいかない。泰子をうちの方に連れてきてくれ」といわれる。長谷川さんも上京の最後は世田谷区成城の大岡氏の家を訪ねて横浜に帰っていった。

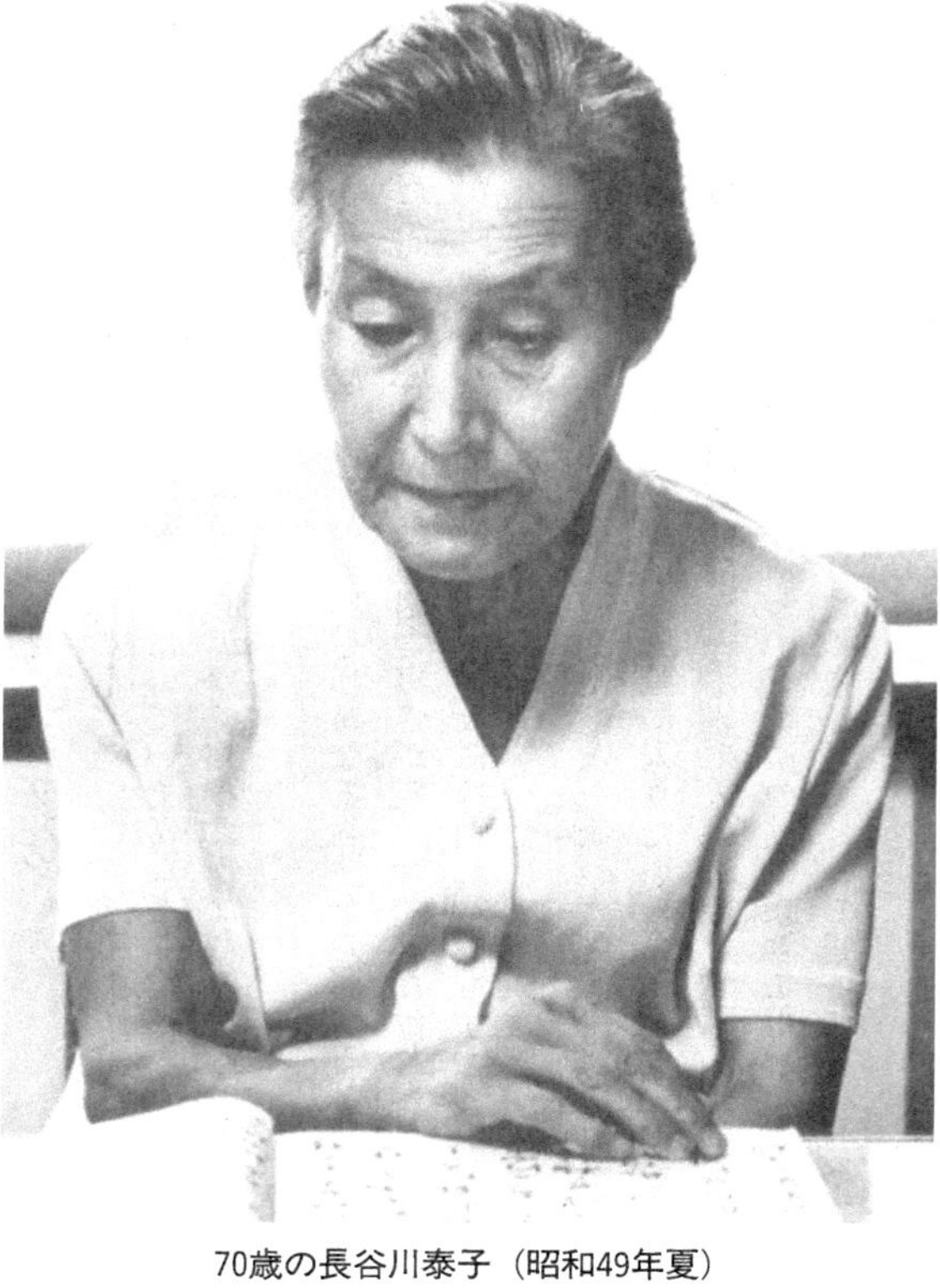

70歳の長谷川泰子（昭和49年夏）

長谷川さんが語りたかったもう一つは酵母の話だ。アルコール発酵を営む菌類の一群だが、それは中也やその友だちたちを酵母菌に見立てた交遊をいう。

「私は中原が死んだとき、追悼として〈酵母の詩〉というのを書いたのよ。酵母って、ものの源泉となるでしょう。芸術をやる人ってたいていそんなところあるけど、中原や小林はとくにきわだっていた。おのずから湧きあがってくるようなものをもっていたの。やっぱり、そこに魅力を感じていたんだわ」

こんな調子の話はよく聞いた。酵母もそれぞれ異なる個性を発揮するが、中原と小林の相違点は何だったか。中原はやぼったく田舎臭さが抜けなかったけれど、小林は都会風に洗練されていて女性に優しかったという。小林氏には別れた後もずっと未練があったようで、ことばの端々にそれが窺えた。

長谷川さんは案外と筆まめで、私にも封筒と便箋《びんせん》とを兼ねた郵便書簡で近況を書いてよこした。老後は杉並区にある緑風荘とかいう施設に入りたいと希望していたが、うまくいかなかった。その後、神奈川県湯河原の老人ホームに入っている。私が一度うかがったのは昭和も終わりころだ。まだまだ元気があって、魔法の杖《つえ》に乗って飛んでいく、と笑わせていた。長谷川さんは魔法使いのお婆さんに興味をもっていて、スタイルもそれに似せるようなところもあった。

昭和五十一年（一九七六）、七十二歳のときは映画「眠れ蜜」に出演し、蝶のごとくに踊ったという。試写会に来てくれと案内をもらっていたが、旅に出ていて出席できなかった。その後に長谷川さんから出演時の感想を聞いたが、まだまだ蝶のようには飛べなかったようだ。何事にも無垢《むく》な気持で挑戦する人で、実に痛快な人柄だった。いつかは魔法使いのように空を飛べると信じているふしもあったが、平成五年（一九九三）四月十一日死去。享年八十八歳であった。

長谷川泰子さんの語った『ゆきてかへらぬ』が甦り、若い世代に読んでもらえる機会があることはうれしい。何事にも軽薄短小といわれる世の中が続いている。それもますます拍車を掛けているかに思えるが、明治に生まれ大正、昭和と生きた一人の女性の物語として読んでもらいたい。そんな時代もあったのだ、ということを知るのはけっして無駄ではあるまい。最後に昭和四年九月発行の雑誌「白痴群」第三号に掲載の泰子さんの詩三篇のうちから「悧巧《りこう》な世界」を紹介しておわりにしたい。「白痴群」は中也や河上徹太郎、大岡昇平らが発行の同人雑誌。小林秀雄は泰子さんと別れて奈良に去った後だったが、小林佐規子のペンネームで発表している。

夏の夜は黒い土が身にしたしいのです。
人々の肌と呼吸から製された夜気が流れます。
皮膚と、心臓が、合して、

人様が美しい白い蟲になり、
それぞれ物がたりが好きになります。
だから、とても、噪《はしや》ぎたいのですが。
笑ひが途中で止まつて、その続きが本格の千鳥足になります。
なんと、悧巧な世界ではありませんか。

◆エッセイ◆

不思議な三人の関係

川上弘美

中学一年の夏休みの「読書感想文」に、中也の詩集のことを書いた。

詩などろくに読んだことはなかった。詩集というものがこの世に存在することも、よく知らなかった。子供に詩を書かせる運動が盛んだったころなので、子供の詩ばかりを印刷した小冊子は学校で配られたが、そこに載っている詩は苦手だった。どの詩も子供の汗みたいなものを少しずつしたたらせているように思えたからだ。自分が子供だったにもかかわらず、子供の体臭は嫌いだったのだ。

家の、まだおろしていないまっさらの雑巾《ぞうきん》を置く棚に、中也の詩集はあった。なぜそんなところにあったのか、わからない。でも、あった。手に取って読んでみたら、それまで知っていた「酒飲みのとうちゃんがある日戸板に乗って運ばれていってしまった」詩（しかし今この詩を読んだらものすごく感心するだろうな）や、「みずすましの目はふしぎだな、僕の目が四つだったらどうだろな」などと感動している詩とは、ぜんぜん違う世界がそこにはあった。それで、びっくりしてすぐさま大好きになって、感想文を書いた。

夏休みが終わってからも、たびたび中也の詩集は読んだ。口ずさむこともあった。調子が整っているので、子供でも口ずさみやすいのだ。「春日狂想」の「つまり、我等に欠けてるものは、／実直なんぞと、心得まして」のあたりや、「冬の夜」の「僕は女を想ってる／僕には女がないのです」なんかが、好きだった。まだ生理も来ていない子供のくせに、斜に構えた詩ばかりを好んだ。子供だから、斜に構えていたんだろうけれど。

本のうしろについている年譜を読むのも、好きだった。十代のころから同棲《どうせい》をしていたこと。恋人の長谷川泰子が、中也のもとを去って、小林なんとかという人のところに行ってしまったこと。行ってしまった後も、なんだか不思議な関係があったらしいこと。子供は好奇心いっぱいに、そういう記述をじいっと読んだのである。

以来長谷川泰子のことはずっと気になっていたし、ほんとうのところ中也がどんな人間なのか、詩以外の作品も読んでみたくはあったのだけれど、雑巾の棚にあった一冊の文庫本以外の中也作品をどうやって手に入れていいかもわからず、結局さあっと汐《しお》が引くようにわたしは中也から遠ざかってしまったのだった。

こんかい、だから日記と手紙を読むときに一番熱心に探したのは、長谷川泰子とのくだりの部分である。けれど日記にはほとんど泰子のことは出てこない。泰子が小林秀雄のもとに去った一九二五年から二年後の、二七年からしか、日記は書かれていないからだ。手紙の方は、計十通。うち、小林佐規子（長谷川泰子）宛の一九二八年から二九年にかけての四通が、まだ生々しい二人の関係をほの見えさせる。


　手紙みた。

　貴殿は小生をバカにしてゐる。

　バカにしてないといふのは妄想《つもり》だ。小生をチットモ面白くない人が、小生にたとへ小さいことをでも頼むなら、それは小生をバカにしてゐるからなのだ。

　僕は貴殿に会ふことが不愉快なのだから会ふことをお断りするのだ。

　この上バカにされるのも癪だから、染《ママ》めはしない。セキネにあづけてあるからとりに来るべし。


一九二八年八月二二日に、中也から泰子に宛てられた手紙である。この年の五月に泰子は小林とも別れている。

そういえば「不思議な三人の関係」については、子供のころしばしば考えたものだ。世の中では、どうやらこういった「三人の関係」は異端なことに分類されるらしい。でも、ほんとうにそうなんだろうか。

たとえば、いったん恋愛をして別れたふつうの恋人どうし。肌のなじんだ気安さで、別離の後にばったり会ったとしたら、親しく話をすることだろう。ときどきはセックスだってしてしまうかもしれない。ごく平凡な恋人たちでさえそうなのだから、中也と秀雄のように、わかちがたい友情で結ばれていた者どうしならば、同じ女を恋人にしたとしても、男たちは今まで通り親しくありつづける、ということも、ありえるのではないか？　たとえそこに嫉妬《しっと》や怒りや自虐が混じっていたとしても、友情や親愛を即座に捨ててしまうことはできないのではないか？　できる場合も多いだろうし、できる方が普通とされるけれど、できない人間もいくばくかはいるのではないか……。という、子供の、頭でっかちの、半分きれいごとみたいな思いをぐだぐだめぐらしながら、この手紙を読んだのである。

今になって読んでみても、この手紙、とてもいいではないか。そして、世間さまの枠にとらわれていない中也の心をあらわしているのではないか。

日記を読めばわかるように、中也はかなり辛辣《しんらつ》で激しやすい男である。また一方に禁欲的な気質を持つ。手紙で中也は怒っている。瞬間的に怒り、そのまましたためたような手紙だ。「責め」という文字をまちがえて「染め」などと書いている。逆上していたからにちがいない。同時に、自分のことを「バカにしてゐる」などと正面きって書けるところは、存外のびのびとした人物を彷彿《ほうふつ》とさせる。

「不思議な三人の関係」の、ほんとうのところがどうだったのか、本人たち以外には結局わからないことだろう。ただ、中也の日記や手紙を読んでいると、中也はかなり「いい感じ」の男に思われる。いい感じの男が、世間の思っているよりもごく自然に（またはものすごく深い意味で不自然に）、「不思議な三人の関係」の中に居たのではないか。ただの中也びいきのひきたおしから出てきた印象かもしれないけれど。でも、一九三二年（二月一九日付）に子供を産んだ後の泰子に向けて、

茂樹（泰子の子供。筆者註）の耳のうしろのキズには『アエンカオレーフ油』を直ぐに買つてつけておやりなさい。五銭も買へば沢山でせう。
お湯に這入つた時、キズを洗はないやう。

などという手紙を書いているのを読むと、やはりこれは「いい男」だな、と思うのである。時にめそめそして依怙地《いこじ》で傲慢《ごうまん》だが、実に魅力のある男だ。もしかしたらこの男ならば、わたしが昔頭でっかちに考えた「不思議な三人の関係」をどうにかやり過ごせたのではないか。もっともっと長生きして、「ほんとうのところ」を小林秀雄からの側からでなく、書いてほしかったものだと思うが、むろん詮《せん》ないことである。

（角川書店版『新編中原中也全集』第五巻月報「いい男」より一部改稿して転載）

■長谷川泰子略年譜

一九〇四年（明治37）
五月十三日、広島県広島市に、父慶二郎・母イシのひとり娘として生まれる。

一九一一年（明治44）　七歳
四月、広島高等師範学校附属小学校に入学。六月、父慶二郎死去。その後、母とは別居し長谷川家に養子にきた義兄良次郎に引き取られ、祖母に育てられる。

一九一二年（大正元）　八歳
十二月、広島女学校附属小学校に転校。

一九一七年（大正6）　十三歳
三月、同校卒業。四月、広島女学校本科入学。

一九一八年（大正7）　十四歳
四月、同校実科入学。

一九二一年（大正10）　十七歳
三月、同校卒業後、信用組合に勤める。

一九二三年（大正12）　十九歳
春、教会で「大空詩人」と呼ばれた永井叔に出会う。八月、女優になる夢をかなえるため家出。永井とともに上京する。九月、関東大震災に遭い、永井とともに京都へ移る。その後、劇団表現座（成瀬無極主宰）に所属。のちマキノ映画制作所に入社。同年末、永井の紹介で立命館中学三年の中原中也を知る。

一九二四年（大正13）　二十歳
四月、中原中也と同棲。この時中也十七歳。その後京都市内を二回転居。この頃、富永太郎や正岡忠三郎など、中也の友人たちと知り合う。

一九二五年（大正14）　二十一歳
三月、中原とともに上京。四月、富永の紹介で当時二十三歳の小林秀雄を知る。

五月、小林の家の近く、高円寺に転居。十一月、中原と離別し、小林と同棲。この後も、中也・泰子・小林の「奇怪な三角関係」は続く。小林と同棲した頃から、泰子に極度の潔癖症の兆候が見え始める。小林の母の勧めにより小林佐規子と改名。

一九二六年（大正15）　二十二歳

五月、転地療養のため鎌倉町長谷大仏前に転居。冬、逗子に転居。

一九二七年（昭和2年）　二十三歳

秋、東京の白金台町に転居。この頃河上徹太郎、今日出海などを知る。

一九二八年（昭和3）　二十四歳

二月、中野町谷戸に転居。この頃、大岡昇平を知る。五月下旬　小林は泰子と離別し、奈良へ去る。その後、泰子は中也ともたびたび会うが、再び同居することはなかった。九月、陸礼子の芸名で松竹キネマ蒲田撮影所に入社。映画「山彦」（清水宏監督）に出演。

一九二九年（昭和4）　二十五歳

五月初旬、泰子、中也と京都に旅行。九月、中原中也らの同人誌「白痴群」第三号に「詩三篇」、十一月、同誌第四号に詩「秋の野菜スープ」を発表。この時期、杉並区永福町の山岸光吉宅へ寄宿。のち東中野へ転居。

一九三〇年（昭和5）　二十六歳

十二月、山川幸世（築地小劇場の演出家）との間に茂樹が誕生。名付け親は中原中也。

一九三一年（昭和6）　二十七歳

十月、「グレタ・ガルボに似た女性」（時事新報社内、東京名映画鑑賞会主催）に応募し、当選。帝国ホテル演芸場での授賞式でガルボが着ていた夜会服と副賞が贈られる。この頃、中原から青山二郎を紹介され、以後青山の住んでいた四谷花園アパートへ頻繁に出入りするようになる。

一九三二年（昭和7）　二十八歳
永福町の山岸方へ転居。この頃から、青山二郎の紹介で、京橋の酒場「ウィンゾアー」、銀座「エスパニョール」、中野の「暫（しばらく）」などに勤める。

一九三三年（昭和8）　二十九歳
十二月三日、中原中也結婚。

一九三五年（昭和10）　三十一歳
このころ、中垣竹之助と知り合い同棲。

一九三六年（昭和11）　三十二歳
中垣竹之助と結婚、田園調布の中垣家に転居。

一九三七年（昭和12）　三十三歳
十月二十二日、中原中也鎌倉で死去。二十四日の告別式に中垣竹之助、茂樹とともに参列。

一九三九年（昭和14）　三十五歳
中垣竹之助の基金により中原中也賞（第一次。第一回受賞者は立原道造。第三回で終了）が創設される。

一九四五年（昭和20）　四十一歳
八月十五日、終戦。敗戦直後に中垣と別居。十二月、世界救世教に入信。

一九五一年（昭和26）　四十七歳
横浜市保土ケ谷に転居。

一九五九年（昭和34）　五十五歳
世界救世教本部（静岡県熱海市）に転居。

一九六一年（昭和36）　五十七歳
東京に移り、日本橋でビル管理人を務める。退職後は横浜市保土ケ谷に住む。

一九七四年（昭和49）　七十歳
十月、『ゆきてかへらぬ　中原中也との愛』（長谷川泰子述・村上護編）を講談社から刊行。

一九七六年（昭和51）　七十二歳
映画「眠れ蜜」（岩佐寿弥監督・佐々木幹

郎脚本・シネマ・ネサンス制作）に出演。

一九九三年（平成5）

四月十一日、湯河原の老人ホームにて死去。享年八十八歳。

（『新編中原中也全集』別巻下及び本書を参考に編集部で作成した）

本書は一九七四年、講談社より刊行された『ゆきてかへらぬ　中原中也との愛』を一部表記とタイトルを変え文庫化したものです。本書で引用された中原中也の詩および文章については、角川書店刊『新編中原中也全集』に拠りました。

本書籍は、二〇二四年十二月十三日に著作権法第六十七条の二第一項の規定に基づく申請を行い、同項の適用を受けて増刷をおこないました。

中原中也《なかはらちゆうや》との愛《あい》

ゆきてかへらぬ

長谷川泰子《はせがわやすこ》　村上《むらかみ》 護《まもる》＝編

平成18年 3月25日　初版発行
令和7年 4月10日　10版発行

発行者●山下直久

発行●株式会社KADOKAWA
〒102-8177　東京都千代田区富士見2-13-3
電話　0570-002-301（ナビダイヤル）

角川文庫 14177

印刷所●株式会社KADOKAWA
製本所●株式会社KADOKAWA

表紙画●和田三造

ISBN978-4-04-406001-5　C0195

角川文庫発刊に際して

角川源義

第二次世界大戦の敗北は、軍事力の敗北であった以上に、私たちの若い文化力の敗退であった。私たちの文化が戦争に対して如何に無力であり、単なるあだ花に過ぎなかったかを、私たちは身を以て体験し痛感した。西洋近代文化の摂取にとって、明治以後八十年の歳月は決して短かすぎたとは言えない。にもかかわらず、近代文化の伝統を確立し、自由な批判と柔軟な良識に富む文化層として自らを形成することに私たちは失敗して来た。そしてこれは、各層への文化の普及滲透を任務とする出版人の責任でもあった。

一九四五年以来、私たちは再び振出しに戻り、第一歩から踏み出すことを余儀なくされた。これは大きな不幸ではあるが、反面、これまでの混沌・未熟・歪曲の中にあった我が国の文化に秩序と確たる基礎を齎らすためには絶好の機会でもある。角川書店は、このような祖国の文化的危機にあたり、微力をも顧みず再建の礎石たるべき抱負と決意とをもって出発したが、ここに創立以来の念願を果すべく角川文庫を発刊する。これまで刊行されたあらゆる全集叢書文庫類の長所と短所とを検討し、古今東西の不朽の典籍を、良心的編集のもとに、廉価に、そして書架にふさわしい美本として、多くのひとびとに提供しようとする。しかし私たちは徒らに百科全書的な知識のジレッタントを作ることを目的とせず、あくまで祖国の文化に秩序と再建への道を示し、この文庫を角川書店の栄ある事業として、今後永久に継続発展せしめ、学芸と教養との殿堂として大成せんことを期したい。多くの読書子の愛情ある忠言と支持とによって、この希望と抱負とを完遂せしめられんことを願う。

一九四九年五月三日

〈角川ソフィア文庫〉

中原中也全詩集

中也のすべてを読む！

新編全集に準拠した待望の一巻本全詩集！中学時代の短歌、第一詩集『山羊の歌』、小林秀雄に託され没後刊行した第二詩集『在りし日の歌』、生前発表詩篇・未発表詩篇など詩篇の全てを収録。巻末に、大岡昇平「中原中也伝――揺籃」、小林秀雄「中原中也の思ひ出」、詳細な年譜を収録。

総頁８００頁　ISBN978-4-04-117104-2

生誕100年を超えて、
21世紀に読み継がれる、
日本近代詩の結晶！

新編 中原中也全集

全5巻・別巻1

編集委員＝大岡昇平・中村　稔・吉田凞生・宇佐美斉・佐々木幹郎

第一巻　詩Ⅰ
第二巻　詩Ⅱ
第三巻　翻訳
第四巻　評論・小説
第五巻　日記・書簡
別　巻　（上）写真・図版篇
　　　　（下）資料・研究篇

全巻＝新組・新編集
各巻＝本文篇・解題篇二分冊

角川学芸出版